westermann

W0191786

fit fürs **abi** EXPRESS

Geschichte

Geschichte

Autor:
Prof. Dr. Volker Frielingsdorf

westermann GRUPPE

© 2020 Georg Westermann Verlag
www.westermanngruppe.de

Druck A[1] / Jahr 2020
Alle Drucke der Serie A sind im Unterricht parallel verwendbar.

Redaktion: imprint, Zusmarshausen; Lothar Reiserer
Kontakt: lernhilfen@westermanngruppe.de
Layout und Umschlaggestaltung: tiff.any, Berlin
Umschlagfoto: iStockphoto.com, Nikada
Druck und Bindung: westermann druck GmbH, Braunschweig

ISBN 978-3-7426-**0115**-5

SO FUNKTIONIERT'S

Fit fürs Abi Express Geschichte hilft Ihnen, alle prüfungsrelevanten Themen schnell und effektiv zu wiederholen. Sie finden hier einen **kompakten Überblick** des Abiturstoffs, mit dem Sie Ihre Wissenslücken rasch schließen können.

Schlagen Sie einfach diejenigen Themenbereiche nach, in denen Sie sich noch nicht ganz sattelfest fühlen. Es ist nicht nötig, das Buch von vorne nach hinten durchzuarbeiten. Jedes Kapitel steht für sich, ist in sich abgeschlossen und behandelt einen anderen Fachbereich der Prüfung.

Gerade im Fach Geschichte sind die Anforderungen von Bundesland zu Bundesland zum Teil sehr verschieden. Informieren Sie sich deshalb bitte vor Ort über die Besonderheiten des Lehrplans in Geschichte, die für Ihr Bundesland gelten.

Fit fürs Abi Express Geschichte enthält zahlreiche **Merkkästen** und **Abi-Tipps**, die Ihnen den Überblick erleichtern sollen. Mithilfe der **Checklisten** am Ende jedes Kapitels können Sie Ihren eigenen Kenntnisstand überprüfen. Vor allem die im Text **fett gedruckten Begriffe** sollen Sie an die wichtigsten Schlagworte erinnern – gehen Sie sicher, dass Sie diese verstanden haben und gegebenenfalls auch ausführlicher erklären können. Dies ist insbesondere für eine mündliche Prüfung sehr wichtig.

Passend zum Buch gibt es eine **App mit interaktiven Multiple-Choice-Aufgaben**. Mit dieser App können Sie alle wichtigen Themen aus dem Buch aktiv und in motivierender Form trainieren. Sie erhalten die kostenlose App auf www.westermann.de/fit-fuers-abi-express.

Viel Erfolg für die Prüfung wünscht Ihnen
Volker Frielingsdorf

INHALTSVERZEICHNIS

DIE ZEIT DER GROSSEN UMBRÜCHE

Seit etwa 1760 veränderte die **politisch-industrielle Doppelrevolution** die gesamte Welt grundlegend und nachhaltig. Die zunehmende Europäisierung der Erde wirkte sich seither in wachsender Geschwindigkeit auf allen Kontinenten aus und erfasste mit der Zeit die gesamte Menschheit.

Die entscheidenden epochalen Ereignisse der Zeit vor und nach 1800 waren:

- die **Philosophie der Aufklärung**, die allgemein eine neue kritische Denkhaltung bewirkte (siehe S. 8–9)
- der **Siegeszug der Industriellen Revolution**, die in England ab 1765 begann (siehe S. 10–11)
- die **Gründung der Vereinigten Staaten von Amerika**, die sich 1787 eine moderne Verfassung gaben (siehe S. 12–13)
- die **Französische Revolution von 1789**, die 1792 zur Abschaffung der Monarchie und zur Errichtung der Republik führte (siehe S. 14–17)
- das **Zeitalter Napoleons** von 1799 bis 1815, in dem ganz Europa neu geordnet wurde (siehe S. 18–21).

LERNEN, MEHRDIMENSIONAL ZU DENKEN

Eine Hauptschwierigkeit im Fach Geschichte besteht darin, dass es hier stets mehrere Dimensionen und Blickwinkel gibt, die nach Möglichkeit zusammenzudenken sind. Dies ist nicht einfach. Gerade in mündlichen Prüfungen ist es aber sehr beeindruckend, wenn es gelingt, verschiedene Aspekte und Dimensionen der zu behandelnden Thematik zu integrieren und zu verbinden.

So liegt es in diesem Kapitel nahe, die politischen Ereignisse zusammen mit dem Hintergrund des Gedankenguts der Aufklärung zu beschreiben. Auch die Industrialisierung und die Begründung demokratischer Gesellschaftsformen haben etwas miteinander zu tun. Sie sind beide zentrale Aspekte für die Herausbildung der modernen bürgerlichen Gesellschaft. – Also versuchen Sie es einmal, die verschiedenen Dimensionen von Geschichte in ihrer Wechselwirkung zu verbinden. Es lohnt sich!

Gerade bei den Themen dieses Kapitels bietet es sich an, andere Fächer – wie insbesondere den Deutschunterricht – einzubeziehen. Der hier genannte Zeitraum entspricht ja ziemlich genau dem „Goethe-Zeitalter" (1749–1832).

Wenn Sie also zum Beispiel den „Faust" oder ein Drama Schillers behandelt haben, überlegen Sie einmal, welche Querverbindungen es von da zu den in diesem Kapitel dargestellten epochalen Veränderungen gegeben hat. Bedenken Sie dabei, dass die genialen Dichter und Schriftsteller es stets verstanden haben, Sprachrohr der Gedanken und Sehnsüchte ihrer Zeit zu sein. Sie waren insofern immer auch Kinder ihrer Epoche.

Diese Umwälzungen bedeuteten für die Geschichte Europas und dann der ganzen Welt einen tiefen Einschnitt, der am ehesten mit dem Übergang vom Mittelalter zur Neuzeit um 1500 (Zeitalter der Renaissance und der Reformation wie der Entdeckungen und revolutionärer Erfindungen) verglichen werden kann.

Das 18. Jahrhundert war dank der durch die **Aufklärung** bewirkten neuen Geisteshaltung von einem optimistischen Grundgefühl durchdrungen. Allgemein hatte man das Gefühl, ein **„Zeitalter des Lichts"** (vgl. die französische Bezeichnung *le siècle des lumières* und die englische the *age of enlightenment*) sei angebrochen, das frühere düstere Epochen ablöse und überwinde.

Diese positive Sichtweise hatte ihre Entsprechung in der Hoffnung, dass sich auch die wirtschaftlichen und die gesellschaftspolitischen Verhältnisse allmählich verbessern würden. So verband sich mit der **Industriellen Revolution**, die in England um 1765 einsetzte, der Wunsch, durch neue Erfindungen und veränderte Produktionsweisen größeren Wohlstand zu erlangen. Und mit der **Begründung der USA** und der **Französischen Revolution** gab es nun republikanische Staatswesen, die ihren Bürgern **Menschenrechte** und **politische Teilhabe** zusicherten.

Der Zeit der großen Umbrüche, die in diesem Kapitel behandelt werden, kommt auch deshalb eine so große Bedeutung zu, weil diese Umbrüche die nachfolgenden über zweihundert Jahre bis in unsere Gegenwart maßgeblich geprägt haben.

Das Zeitalter der Aufklärung

Aufklärung im geschichtlichen Sinne ist die Epochenbezeichnung für die gesellschaftskritische Bewegung des 18. Jahrhunderts. Man versteht darunter den Versuch, alle Anschauungen und Meinungen einer kritischen Prüfung zu unterziehen. Wenn sie einer solchen Prüfung nicht standhalten und sich als Vorurteile erweisen, sind sie durch **vernunftgeleitete Auffassungen** zu ersetzen.

Ein derartiger Erkenntnisprozess führt zu einer Befreiung von traditionellen Vorstellungen und bloßen Konventionen. Auch gesellschaftliche Normen und politische Institutionen werden fortan hinterfragt und verändert. Aufklärung hat also einen **emanzipatorischen Anspruch**: Sie will den Menschen von äußeren Zwängen erlösen und seine freie Entfaltung fördern. Hierfür wird das Denken als entscheidendes Mittel angesehen: Mithilfe des Verstandes wird alles Gewohnte infrage gestellt, und mittels der Vernunft sollen neue Normen und Institutionen begründet werden.

Zentrale Anliegen der Aufklärung

- kritisches Denken und Hinterfragen aller Anschauungen
- Freiheit und Selbstbestimmung stehen allen Menschen zu.
- Toleranz und Rechtsstaatlichkeit müssen gewährleistet werden.
- Fortschritt durch Bildung und Erziehung

Gesellschaftspolitische Forderungen der Aufklärung

- Verankerung der Grund- und Menschenrechte
- Gewaltenteilung und Machtkontrolle
- Ratifizierung einer Verfassung und unabhängiges Parlament
- Idee der Volkssouveränität
- Mitbestimmung und Partizipation der Bürger in der Politik

„WAS IST AUFKLÄRUNG?"

„Aufklärung ist der Ausgang des Menschen aus seiner selbstverschuldeten Unmündigkeit. Unmündigkeit ist das Unvermögen, sich seines Verstandes ohne Leitung eines anderen zu bedienen. [...] Sapere aude! **Habe Mut, dich deines eigenen Verstandes zu bedienen!** ist also der Wahlspruch der Aufklärung."

- John Locke: *Über die Regierung*
- Charles de Montesquieu: *Über den Geist der Gesetze*
- Jean Jacques Rousseau: *Der Gesellschaftsvertrag*
- Adam Smith: *Wirtschaftsliberalismus*
- Immanuel Kant: *Aufgabe und Grenzen der Vernunft*
- Gotthold Ephraim Lessing: *Nathan der Weise*

POLTISCHE SCHLÜSSELBEGRIFFE

- **Gewaltenteilung** (auch: Gewaltentrennung): Zentrale Idee der Politischen Philosophie ist die Trennung staatlicher Gewalt in drei Teilfunktionen:
  Legislative = gesetzgebende Gewalt,
  Exekutive = ausführende Gewalt,
  Judikative = rechtsprechende Gewalt.
  Die Übertragung der staatlichen Gewalt an voneinander unabhängige Institutionen wird als unerlässlich angesehen, um Machtmissbrauch zu verhindern.
- **Menschenrechte** (auch: Grundrechte): Rechte, die jedem Menschen unabhängig von Geschlecht, Rasse, Nationalität, Religion, Gesell-schaftsschicht, Beruf etc. zustehen. Erste umfassende Formulierungen in der amerikanischen Unabhängigkeitserklärung von 1776 und in der „Erklärung der Menschen- und Bürgerrechte" der Französischen Revolution von 1789. Sie bilden den Kern der „Erklärung der Men-schenrechte" der UNO von 1948.
- **Verfassung** (auch: Konstitution): Die Gesamtheit der Gesetze und Regeln, in der die Grundordnung eines Staatswesens und die Macht-verteilung der verschiedenen Institutionen und Organe festgelegt sind, wodurch alle Entscheidungsträger an die Verfassung gebunden sind. Kernbestandteile einer liberalen Verfassung sind die Veranke-rung der → Menschenrechte, des Prinzips der → Gewaltenteilung und der → Volkssouveränität.
- **Volkssouveränität:** Grundprinzip der Legitimität der Demokratie, das besagt, dass alle staatliche Herrschaft vom Volk ausgehen muss, dass also das Volk die Souveränität besitzt.

Die Industrielle Revolution

Neben der Aufklärung und der Französischen Revolution stand das 18. Jahrhundert im Zeichen der beginnenden **Industrialisierung**, die, ab etwa 1765 von **England** ausgehend, zu einer beispiellosen Umwälzung der Produktionsbedingungen und der Arbeits- und Lebensverhältnisse führte. Nach Großbritannien erfasste die Industrielle Revolution seit Beginn des 19. Jahrhunderts zunächst Belgien, Frankreich sowie Teile der Schweiz und der USA. Ab ungefähr 1835 setzte die Industrialisierung auch in Deutschland, den Niederlanden, Österreich und Böhmen ein, ehe sie sich im letzten Drittel des 19. Jahrhunderts auch in Schweden, Italien, Russland und im übrigen Europa ausbreitete.

Die Industrialisierung bedeutete einen **radikalen Umbruch der Produktion**, der durch den zielgerichteten Einsatz von Maschinen und die Erschließung neuer Energiequellen ausgelöst wurde. Dadurch veränderten sich das Verkehrs- und Transportwesen, die Märkte und die sozialen Strukturen tiefgreifend.

Die allgemeine **Mechanisierung** ermöglichte zuerst in der Textilindustrie und dann in immer neuen Produktionsbereichen eine nie gekannte Massenproduktion, die fabrikmäßig organisiert wurde. Dank einer Vielzahl von Erfindungen führte die Industrialisierung auch zu einem immensen **Bevölkerungswachstum** („demographische Revolution"), das sich vor allem in den neu entstehenden Großstädten zeigte.

Schlüsselerfindungen der Industrialisierung bis 1860

- 1769 Dampfmaschine (James Watt) & Spinnmaschine (Richard Arkwright)
- 1785 mechanischer Webstuhl (Edmund Cartwright)
- 1807 Dampfschiff (Robert Fulton)
- 1814 Dampflokomotive (George Stephenson)
- 1825 erste Eisenbahnstrecke in England
- 1834 Elektromotor (Hermann Jacobi)
- 1835 Revolver (Samuel Colt)
- 1835 erste Eisenbahn in Deutschland
- 1837 Schreibtelegraph (Samuel Morse) und Photographie (Louis Daguerre)
- 1841 Kunstdünger (Justus von Liebig)
- 1856 Stahlgewinnung (Henry Bessemer)

Kennzeichen der Industrialisierung

- eine zumeist auf dem **Protestantismus** beruhende veränderte Arbeits- und Wirtschaftsethik: Beruf und Arbeit als Selbstzweck
- wagemutige Unternehmerpersönlichkeiten
- genügend **Kapital**, das für Großinvestitionen dank eines expandierenden Finanzmarkts mit Kreditbanken und Aktiengesellschaften zur Verfügung stand
- immer neue wissenschaftlich-technische **Erfindungen**
- gezielte Effizienzsteigerung durch systematische **Arbeitsteilung**
- veränderte Produktionsformen: **Fabriksystem**, **Maschinisierung**, **Mechanisierung**
- rasches **Bevölkerungswachstum**, sodass genügend Arbeitskräfte vorhanden sind
- **Agrarrevolution** durch verbesserte Anbaumethoden
- **Verstädterung** (auch: Urbanisierung), Bildung von Industrielandschaften und Ballungsräumen
- ein tiefgreifender **sozialer Wandlungsprozess**: Bedeutungsverlust des Adels, Aufstieg des Besitzbürgertums
- Entstehung der Industriearbeiterschaft („**Proletariat**")
- starke soziale Gegensätze und Spannungen durch **Ausbeutung** und **Entfremdung** der Arbeiter
- eine zunehmende **Liberalisierung der Wirtschaftspolitik**
- Entstehung eines **weltweiten Handels**

Auch die beginnende Mechanisierung der Landwirtschaft war ein wichtiges Element der Industriellen Revolution – hier eine stehende Dampfmaschine von 1850, die einen Pflug in einem Umkreisungssystem zieht.

Die Gründung der USA

Der Weg der im Laufe des 17. Jahrhunderts an der Ostküste Nordamerikas gegründeten englischen Kolonien bis zur Begründung der Vereinigten Staaten von Amerika Ende des 18. Jahrhunderts und der **Aufstieg** des neuen Staates zur **Welt- und Supermacht** in den folgenden gut hundert Jahren gehört zu den erstaunlichsten Entwicklungen der gesamten Menschheitsgeschichte.

Die Europäer hatten bei der Eroberung Nordamerikas leichtes Spiel. Die indigenen Völker Amerikas waren ihnen weder waffentechnisch noch organisatorisch und schon gar nicht in punkto Skrupellosigkeit gewachsen. Zur freudigen Überraschung der eindringenden Europäer war das zumeist noch jungfräuliche Land nicht nur größtenteils sehr fruchtbar, sondern überdies auch mit Bodenschätzen reich gesegnet.

Im Kampf um Einflusssphären und Handelsvorteile standen sich in Nordamerika zunächst Spanien und Holland, sodann Großbritannien und Frankreich gegenüber. Im **Siebenjährigen Krieg** (1756–1763) war es den Engländern zunächst gelungen, die Franzosen zu verdrängen. Entscheidend für die weitere Entwicklung der zunächst **13 Kolonien** wurde die Auseinandersetzung mit der britischen Krone, die nach erfolglosen Protesten der Siedler gegen die geplanten Steuererhöhungen zur **Amerikanischen Revolution** führte.

Was prägt die Vereinigten Staaten von der Zeit ihrer Gründung bis heute?

1	angelsächsisches Selbstverständnis und Recht, verbunden mit einem enormen Selbstwertgefühl und Sendungsbewusstsein
2	die auf Frömmigkeit, Arbeitsamkeit und Erwerbsstreben gegründete Wirtschaftsethik der Puritaner
3	unbändiger Optimismus, Selbstvertrauen, Freiheitsstreben, Geist von Unabhängigkeit und Selbstbestimmung
4	der „American Dream" mit seinen hohen Idealen, die die Menschen in der ganzen Welt ansprachen
5	ein kaum gezügeltes Profitstreben und Aufstiegsdenken („vom Tellerwäscher zum Millionär")
6	eine weitgehend ungezügelte freie Marktwirtschaft, in der sozialstaatliche Elemente eine untergeordnete Rolle spielen

Wichtige Schritte in der Entwicklung der USA

- **4.7.1776**: Unterzeichnung der **Unabhängigkeitserklärung**, in der die Menschenrechte und das Widerstandsrecht verankert werden.
- **1775–1783**: Unabhängigkeitskrieg der Kolonisten gegen Großbritannien, das schließlich unterliegt
- **1783**: Friede von Versailles, in dem die Unabhängigkeit der Kolonien durch Großbritannien anerkannt wird
- **17.9.1787**: Verabschiedung der Verfassung der USA mit einem ausgeklügelten System wechselseitiger Kontrolle und Gewaltenteilung
- **1789–1797**: Festigung des neuen Staates (Neutralitätsprinzip!) durch George Washington, den ersten Präsidenten der Vereinigten Staaten
- **seit 1790**: Industrialisierung der Ostküste; schrittweise Inbesitznahme des Mittleren Westens; zunehmende Einwanderung aus Europa
- **1791**: Inkrafttreten der zehn Ergänzungsartikel der Grundrechte in der „**Bill of Rights**".

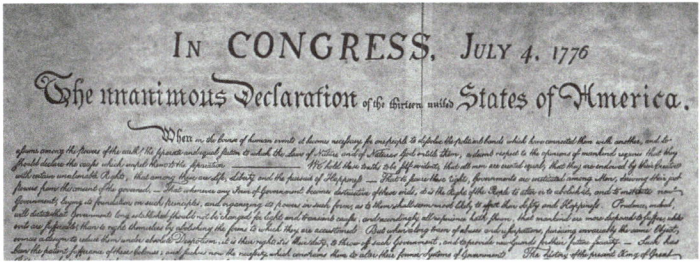

Kopf der Titelseite der amerikanischen Unabhängigkeitserklärung

ZENTRALE GRUNDSÄTZE AUS DER AMERIKANISCHEN UNABHÄNGIGKEITSERKLÄRUNG VON 1776

→ Jeder Mensch genießt „unveräußerliche Rechte".
→ Hierzu zählen vor allem „Freiheit und das Streben nach Glück".
→ Staat und Regierung haben die Aufgabe, diese Rechte zu sichern.
→ Die Regierungen müssen von den Regierten gewählt werden.
→ Die Regierten haben das Recht, die Regierung abzusetzen.
→ Die Kolonien sind ab sofort freie und unabhängige Staaten.
→ Sie entbinden sich „jeglicher Treuepflicht gegen die britische Krone".

Die Französische Revolution

Kaum ein anderes Ereignis der Weltgeschichte hat die Menschheit so sehr erschüttert, hat so weit reichende und vielfältige Folgen gehabt wie die Französische Revolution. Deshalb werden zweiteilige Darstellungen der Menschheitsgeschichte bisweilen durch die Zäsur des Jahres 1789 getrennt. In diesem **Epochenjahr** setzte in Paris ein revolutionärer Umbruch eines bis dahin nicht gekannten Ausmaßes ein, der über die Bildung einer verfassungsgebenden Nationalversammlung und die **Erklärung der Menschen- und Bürgerrechte** innerhalb von vier Jahren zur Absetzung und Hinrichtung des Königs und zur Errichtung der **Republik** führte. Da Frankreich zu dieser Zeit politisch, militärisch und kulturell die tonangebende Großmacht in Europa war, hatten gravierende Veränderungen in der „Grande Nation" zwangsläufig immense Folgewirkungen für die Nachbarländer und den gesamten europäischen Kontinent. Daher erschütterte die „Große Revolution" der Franzosen nicht nur ihr eigenes Land, sondern stärkte überall in Europa die veränderungsbereiten Kräfte. Die aus der Aufklärung stammenden Leitideen der Revolution, ihre Prinzipien von **„Freiheit, Gleichheit und Brüderlichkeit"**, die Forderungen nach Abschaffung der feudalen Ständegesellschaft und nach Volkssouveränität strahlten auf alle Länder Europas und über die Kolonien bald auf die gesamte Welt aus.

Fortan musste sich jede Gesellschaft der Frage stellen, wer legitimiert ist, die Herrschaft auszuüben, und welche Grundfreiheiten jedem Menschen zustehen. Nicht zufällig fallen in die Zeit der Französischen Revolution auch die Anfänge der Emanzipationsbewegung, des Sozialismus und der Sklavenbefreiung: Denn die Benachteiligten der damaligen Zeit und ihre Fürsprecher erkannten schnell, dass die allgemeinen Menschenrechte auch für Frauen, Arbeiter, ethnische Minderheiten und Sklaven gelten müssen. Die hieraus resultierenden Forderungen wurden in der ganzen Welt aufgegriffen. Sie wirken bis heute fort und sind nach wie vor aktuell.

SYNERGIEN MIT DEM FACH FRANZÖSISCH NUTZEN

Die Geschichte der Französischen Revolution schlägt bis heute in Frankreich hohe Wellen. Deshalb kann und sollte sie auch im Französischunterricht thematisiert werden. Und falls nicht – wie wäre es, hier ein Referat zu halten oder dies alles als Spezialgebiet oder für eine Hausarbeit zu wählen?

Welche Gegebenheiten führten zur Französichen Revolution?

- Die verkrusteten Strukturen des **Ancien Régime**, das als **absolutistischer Ständestaat** mit seiner traditionalistischen Feudalordnung immer weniger den wirtschaftlichen Erfordernissen der Zeit und den Forderungen des Bürgertums entsprach;
- der drohende **Staatsbankrott** als Ausdruck der katastrophalen Finanzlage, ausgelöst durch die hohen Aufwendungen für Militär, Verwaltung und eine verschwenderische Hofhaltung;
- die **fehlende Reformbereitschaft** von Adel, Klerus und Monarchie, die ihre Privilegien und Steuerfreiheit nicht aufgeben wollten;
- die Unfähigkeit König Ludwigs XVI., die aus der finanziellen auch eine politische und soziale Krise machte;
- die Spaltung der ersten beiden Stände aufgrund der **Verarmung** von Teilen des Landadels und des niederen Klerus;
- das um seine Rechte kämpfende Besitz- und Bildungsbürgertum, das durch die Gedanken der Aufklärung die bestehenden Zustände in Staat, Gesellschaft und Kirche hinterfragte und so den beharrenden Kräften entschlossen entgegentrat.
- Die wirtschaftliche Krise der 1780er-Jahre hatte, verschärft durch eine dramatische **Klimaverschlechterung**, am Vorabend der Revolution zusammen mit der schon das ganze 18. Jahrhundert andauernden Bevölkerungszunahme zu einer Verarmung der Kleinbauern und zu einer Proletarisierung der städtischen Unterschichten bei wachsender Arbeitslosigkeit in Paris geführt.
- Seit 1788 bewirkten **Missernten** und **Dürren** einen rapiden Anstieg des Getreidepreises, wodurch sich die wirtschaftliche Notlage vieler Unterprivilegierter dramatisch verschärfte.
- Die erfolgreiche Unabhängigkeitsbewegung in den seit 1776 neu gebildeten USA wirkten als Vorbild.
- Das Ansehens der Monarchie schwand durch den schleichenden **Bedeutungsverlust Frankreichs** in Relation zu Großbritannien nach den Niederlagen im Siebenjährigen Krieg (1756–1763) und dem Verlust von Kolonien in Nordamerika und Indien.

Die revolutionären Subjekte	
1	die liberal orientierten Eliten in allen drei Ständen
2	die kleinbürgerlichen und proletarischen Schichten in den großen Städten
3	die breite Masse der Kleinpächter auf dem Lande

Das Ineinanderwirken dieser drei Gruppierungen, die zum Teil sehr unterschiedliche Zielsetzungen verfolgten, löste im Frühjahr und Sommer 1789 die Revolution aus, die die Dynamik ihrer weiteren Entwicklung aus dem zeitweisen **Miteinander** und späteren **Gegeneinander** der drei Strömungen bezog. Dabei erhielt die liberale Revolution des Bürgertums durch den Aufstand der städtischen und ländlichen Massen eine immense Schubkraft, die dem Bürgertum dazu verhalf, die intendierte tiefgreifende Umstrukturierung des Staatswesens in Gang zu setzen. Das Versagen der Staatsführung bei der Lösung der akuten Probleme beschleunigte den Zusammenbruch des Ancien Régime erheblich. Es begünstigte auch die **Radikalisierung** der Revolution, die 1792 zur Herrschaft der Jakobiner und zur Ausrufung der Republik führte.

DIE BEIDEN PHASEN DER FRANZÖSISCHEN REVOLUTION

- Die **erste Phase** der Französischen Revolution, auch als *„Révolution de la liberté"* bezeichnet, reicht bis zum Sturz der Monarchie im Sommer 1792. Staatsrechtlicher Höhepunkt war die Verkündung der Verfassung, die Frankreich zu einer konstitutionellen Monarchie machte
- Die **zweite Phase**, die *„Révolution de l'égalité"*, begann mit der Ausrufung der Republik und führte über die Konventsherrschaft der Girondisten und die Diktatur der Jakobiner bis zum Sturz Robespierres im Juni 1794.

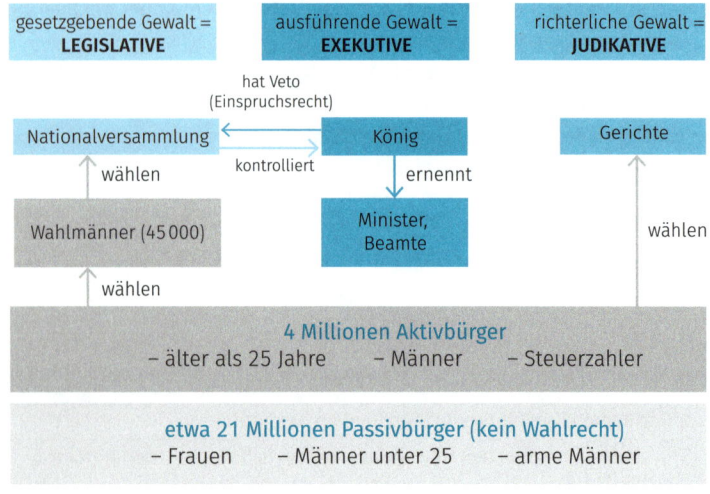

Die Verfassung Frankreichs von 1791

Wichtige Ereignisse der Französischen Revolution

- **5. Mai 1789**: Einberufung der **Generalstände** zur Behebung der Staatskrise
- **17. Juni:** Erklärung des Dritten Standes zur **Nationalversammlung**
- **20. Juni**: Im Ballhausschwur bekräftigt der → Dritte Stand, nicht auseinanderzugehen, bis eine Verfassung verabschiedet sein würde.
- **14. Juli**: **Sturm auf die Bastille**; anschließend Aufstände in ganz Frankreich
- **4./5. August**: Aufhebung der Feudalordnung: Abschaffung der Privilegien des Adels und des Kirchenzehnten
- **26. August**: Erklärung der Menschen- und Bürgerrechte
- **12. Juli 1790**: Zivilverfassung des Klerus, Säkularisierung und damit Verstaatlichung der Kirche
- **21. Juni 1791**: gescheiterter Fluchtversuch Ludwigs XVI.
- **3. September**: Verkündung der Verfassung einer konstitutionellen Monarchie
- **20. April 1792**: Kriegserklärung der Nationalversammlung an Österreich und Preußen
- **10. August**: Sturm auf die Tuilerien und Gefangensetzung des Königs
- **21. September**: Abschaffung der Monarchie und Ausrufung der **Republik**: Herrschaft des Nationalkonvents; Einführung einer neuen Zeitrechnung
- **21. Januar 1793**: **Hinrichtung** Ludwigs XVI. durch die Guillotine
- **1793/94**: Schreckensherrschaft der sozialistisch orientierten Jakobiner (zuerst unter Danton, dann nach dessen Festnahme und Hinrichtung unter der **Diktatur Robespierres**)
- **7. Mai 1794**: Abschaffung des Christentums; Einführung des Kults des „Höchsten Wesens"
- **27./28. Juli**: Sturz und Hinrichtung Robespierres und seiner Anhänger; Ende der Jakobinerherrschaft.
- **1795–1799**: **Herrschaft des Direktoriums**, das die Interessen des Großbürgertums vertritt, dabei aber schwach bleibt und unter den Einfluss erfolgreicher Revolutionsgeneräle gerät.
- **9. November 1799**: **Staatsstreich** Napoleon Bonapartes, der sich zum Ersten Konsul ernennen lässt und das inkompetente Direktorium auflöst; damit faktisch Errichtung einer Militärdiktatur mit demokratischem Anstrich.

Das Zeitalter Napoleons

Nach der **Schreckensherrschaft der Jakobiner** gab es in Frankreich ein weit verbreitetes Bedürfnis nach Ruhe und Ordnung. Dem kam der junge General **Napoleon Bonaparte** nach, der zunächst militärisch und dadurch auch politisch ungemein erfolgreich war: Unter seiner Führung wurden die Preußen und die Österreicher geschlagen. Darauf erhielt Frankreich 1797 Belgien, das linke Rheinufer und weite Teile Ober-italiens.

Seit seinem **Staatsstreich** vom 9. November 1799 war Bonaparte Erster Konsul und dank der auf ihn zugeschnittenen Konsularverfassung de facto Alleinherrscher über Frankreich. 1804 ließ er sich in Paris in Anwesenheit des eigens hierfür angereisten Papstes zum **Kaiser der Franzosen** krönen. Frankreich war damit wieder Monarchie: Das durch Napoleon dominierte Zeitalter des Empire begann.

NAMEN VON WICHTIGEN HISTORISCHEN PERSÖNLICHKEITEN

Ist es wichtig, die Namen bedeutender historischer Persönlich-keiten zu kennen? Ja! Denn solche Namen stehen in der Regel für einen größeren Bedeutungszusammenhang, für ein politisches Programm, für gesellschaftliche Tendenzen usw. Außerdem gibt man sich generell als sachkundig zu erkennen, wenn man die Na-men richtig wiedergeben kann und zuzuordnen versteht. Wichtig: Lernen Sie die Namen und Vornamen gleich korrekt!

In den folgenden zehn Jahren versuchte Napoleon, seinen **Herrschafts-anspruch über ganz Europa** auszudehnen. Dabei eroberten seine Truppen weite Teile Kontinentaleuropas von Spanien bis Polen und von Dänemark bis Süditalien. Gegenüber seinem Hauptkonkurrenten im Ringen um die Weltherrschaft, dem englischen Empire, blieb er jedoch erfolglos, weil es nach der entscheidenden Seeschlacht von Trafalgar 1805 dank seiner überlegenen Flotte und der so vorteilhaften Insellage für Frankreich praktisch unangreifbar war.

Da sich der russische Zar der von Napoleon gegen England verhängten **Handelssperre**, der sogenannten Kontinentalsperre, widersetzte, griff er 1812 Russland an. Dieser Feldzug erwies sich als Fiasko: Der Winter, der Brand von Moskau und die russische Kriegsführung zwangen ihn zum

Rückzug. Von nun an gab es für Napoleon keine Siege mehr: 1813 verlor er im Oktober die „Völkerschlacht von Leipzig" und musste sich danach über den Rhein zurückziehen. Nach seiner Abdankung 1814 kehrte er zwar ein Jahr später noch einmal nach Paris zurück, musste aber 1815 in der Schlacht von Waterloo die Überlegenheit der verbündeten Briten und Preußen anerkennen. Damit war seine Herrschaft beendet.

Wodurch war die Ära Napoleon gekennzeichnet?

- **Autokratisches Regime**, das nach außen den Schein wahrte, die Revolution von 1789 fortzuführen und zu vollenden. So gab es seit 1799 eine Konsulatsverfassung mit allgemeinem Wahlrecht und zwei gewählten Kammern. Allerdings durfte Napoleon alle entscheidenden Posten selbst besetzen. Die Republik wurde 1804 wieder abgeschafft.
- Mit seinen militärischen Erfolgen befriedigte Bonaparte bis 1810 die Sehnsucht vieler Franzosen nach einer Vormachtstellung.
- **Napoleons Militärdiktatur** trug dem allgemeinen Bedürfnis nach Ordnung und Sicherheit Rechnung.
- Die Presse unterlag der Zensur, Kritiker wurden nicht geduldet.
- Der *Code civil* (auch: *Code Napoléon)* genannt, brachte Frankreich eine Gesetzgebung, die die persönliche Freiheit des Einzelnen und den Schutz des Eigentums garantierte. Neben der Gleichheit vor dem Gesetz fand die Zivilehe Eingang in dieses erste bürgerliche Gesetzbuch.
- Das zentralistische **Präfektensystem** einer straff von oben nach unten organisierten Verwaltung ersetzte die lokalen und regionalen Selbstverwaltungsorgane der Revolution.
- Vereinheitlichung und Zentralisierung des Schulwesens
- Durch die Gründung der Bank von Frankreich (1800) zur Eindämmung der Inflation wurde auch die Geldpolitik zentralisiert.
- Im **Konkordat mit dem Papst** wurden 1801 der Klerus und die katholische Bevölkerung an den Staat gebunden, der seither die Bischöfe ernannte und die Priester auf die Verfassung verpflichtete.
- In Mitteleuropa bewirkte Napoleon eine dauerhafte territoriale Neuordnung, in der viele deutsche Kleinstaaten und bis dahin freie Reichsstädte in größere Herrschaftsgebiete eingegliedert wurden. 1806 wurde das seit über 800 Jahren bestehende „**Heilige Römische Reich Deutscher Nation**" aufgelöst.
- In allen besetzten Ländern führte die französische Fremdherrschaft zu einem erwachenden **Nationalbewusstsein**, wodurch von Spanien bis Tirol und Preußen eine breite Widerstandsbewegung entstand, die Napoleon nicht nachhaltig unterdrücken konnte und die maßgeblich zu seinem Untergang beitrug.

ZENTRALE BEGRIFFE: HERRSCHAFTSFORMEN

- **Absolute Monarchie**: Staatsform, in der der Monarch absolut, d. h. „losgelöst" von jeglicher Herrschaft, also uneingeschränkt herrschen kann und niemandem – außer Gott – verantwortlich ist. Der absolute Herrscher wird von keinem Parlament kontrolliert und er ist auch keiner Verfassung unterworfen (Gegenbegriffe: → konstitutionelle und → parlamentarische Monarchie).

- **Ancien Régime**: Französisch für „alte Herrschaftsform" zur Bezeichnung der vorrevolutionären Feudalgesellschaft in Frankreich bis 1789

- **Demokratie** (griech. = Volkherrschaft): In der Antike entwickelte Staatsform, in der alle Staatsgewalt vom Volk durch direkte Beschlüsse der Bürger ausging. Im Gegensatz zur direkten Demokratie entwickelte sich die moderne repräsentative Demokratie. Hier wählen die Staatsbürger auf befristete Zeit die Abgeordneten, die dann die Gesetze beschließen. Man spricht deshalb auch von indirekter Demokratie, da die Wähler nur darüber entscheiden können, wer später entscheiden soll. Konstitutive Prinzipien der liberalen Demokratie sind die Verankerung der Menschenrechte, die Gewaltenteilung und die Anerkennung von Mehrheitsentscheidungen.

- **Diktatur** (lat. = es wird befohlen/diktiert): Staatsform, in der alle Macht in der Hand eines Einzelnen, des Diktators, oder einer Gruppe bzw. einer Partei (Einparteiendiktatur) liegt. Im alten Rom wurde in Notzeiten für wenige Monate ein Diktator gewählt, dem damit weitreichende Vollmachten übertragen waren. Auch in der Moderne bedeutet Diktatur die Aufhebung der Gewaltenteilung, in der Regel im Sinne einer bestimmten Mission oder zur Abwehr eines Notstands.

- **Konstitutionelle Monarchie**: Im Gegensatz zur absoluten Monarchie ist der König in der konstitutionellen Monarchie an die Verfassung gebunden. Er bleibt damit zwar Staatsoberhaupt, doch seine Macht wird durch ein an der Gesetzgebung beteiligtes Parlament eingeschränkt.

- **Monarchie**: Staatsform, in der ein Einzelner, der Monarch, herrscht. Die Legitimation erhält die Monarchie in der Regel durch die Religion („Gottesgnadentum"). Die Macht des Königs kann absolut sein oder eingeschränkt, sei es durch eine Verfassung (→ Konstitutionelle Monarchie oder durch ein Parlament (→ Parlamentarische Monarchie).

- **Oligarchie** (griech. = Herrschaft wenige): Begriff der griechischen Staatsphilosophie für eine Herrschaftsform, in der die Macht von einer kleinen Gruppe meist sehr reicher Menschen eigennützig ausgeübt und missbraucht wird.

ZENTRALE BEGRIFFE: HERRSCHAFTSFORMEN 2

• **Parlamentarische Monarchie**: Staatsform, in der das Parlament, dem die Regierung verantwortlich ist, die legislative Gewalt besitzt, während der Monarch – wie z. B. in Großbritannien und den Niederlanden – nur repräsentative Aufgaben wahrnimmt

• **Republik** (lat. = öffentliche Sache): Staatsform, deren oberste Organe nur auf begrenzte Zeit gewählt werden. Die Republik steht im Gegensatz zur Monarchie und bezeichnet ein Gemeinwesen, in dem das Volk selbst oder wenigstens ein Teil des Volkes die Souveränität besitzt. Mit der Idee der Republik sind also die → Demokratie, aber auch die → Aristokratie und sogar die → Oligarchie vereinbar.

DIE ZEIT DER GROSSEN UMBRÜCHE   Checkliste

→ Welche Ereignisse verbinden Sie mit den folgenden Jahreszahlen?

1776	1804
1789	1806
1793	1815

→ Erklären Sie folgende Begriffe:

Gewaltenteilung	Aufklärung
Menschenrechte	Unabhängigkeitserklärung
absolute Monarchie	Industrielle Revolution

→ Fragen zum Nachdenken:

1. Wie und in welchen Bereichen wirkt das Gedankengut der Aufklärung bis heute nach?
2. Warum war die Französische Revolution so wichtig?
3. Wieso war die Industrielle Revolution ein so gewaltiger Einschnitt, dass man sie wirklich als „Revolution" bezeichnen kann?

2 DAS 19. JAHRHUNDERT (1815–1914)

Nach der über zwanzigjährigen Kriegszeit, die Europa seit der Französischen Revolution heimgesucht hatte, begann 1815 mit dem **Wiener Kongress** eine fast hundertjährige Epoche, die nur durch begrenzte Kriege von kürzerer Dauer gekennzeichnet war und erst durch den Ersten Weltkrieg beendet wurde. So lassen sich die 99 Jahre von 1815 bis 1914 als ein einheitliches Zeitalter betrachten. Deshalb kann diese Ära im historischen Sinne als das eigentliche 19. Jahrhundert bezeichnet werden.

Der englische Historiker Eric Hobsbawm hat in diesem Zusammenhang von dem „langen 19. Jahrhundert" gesprochen, das er allerdings mit der Französischen Revolution beginnen ließ. Den Zeitraum von 1789 bis 1914 sah er also als eine einheitliche Epoche des Wegs in die Moderne. Unstrittig ist, dass mit dem Ausbruch des Ersten Weltkriegs 1914 diese Epoche abrupt zu Ende ging. Man bezeichnet diesen Kriegsausbruch deshalb auch als die **„Urkatastrophe des 20. Jahrhunderts"**.

IN GROSSEN EPOCHENZUSAMMENHÄNGEN DENKEN KÖNNEN

Da es im Fach Geschichte eine schier unendliche Masse an Ereignissen, Personen und Perspektiven gibt, ist es hier besonders schwierig, den Überblick zu behalten. Wer nicht in der Faktenfülle ertrinken will, muss deshalb nach den „großen Linien" suchen, die helfen, die zahllosen Geschehnisse zu ordnen und zu strukturieren.

Gerade die Setzung von Epochengrenzen kann da sehr hilfreich sein! So gelingt es, mithilfe von Zäsuren und von Oberbegriffen wie „beginnende Demokratisierung" oder „fortschreitende Industrialisierung" allgemeine Entwicklungstendenzen kurz und bündig auf einen Schlüsselbegriff zu bringen.

Vor allem in mündlichen Prüfungen kann es sehr beeindruckend sein, wenn es Ihnen gelingt, Ihr Thema in einen dieser großen Zusammenhänge einzuordnen – allerdings nur, wenn Sie dabei nicht bluffen. Sie sollten also die von Ihnen vorgenommene zeitliche Einordnung fundiert begründen können.

Weltpolitisch gesehen, stand das 19. Jahrhundert ganz im Zeichen der globalen Expansion der europäischen Großmächte, die ihren Einfluss auf allen Kontinenten geltend machten. Deshalb kann man hinsichtlich dieser Zeit von einer europäisch dominierten „Weltinnenpolitik" sprechen.

Die entscheidenden epochalen Ereignisse der Zeit von 1815 bis 1914

- die Epoche der **Restauration** (1815 bis 1848) und die dieses Zeitalter beendende Revolution von 1848/49 (siehe S. 24–31)
- die **fortgesetzte Industrialisierung**, in deren Gefolge die „Soziale Frage" gesellschaftspolitisch zum zentralen Thema wurde (siehe S. 32–35)
- die **Errichtung des Deutschen Kaiserreichs** 1871 und die dadurch bedingte Verschiebung des europäischen Gleichgewichts (siehe S. 36–41)
- die **„Europäisierung der Erde"** im Zeitalter einer globalen Kolonialisierung und eines weltweiten Imperialismus (siehe S. 42–45)
- der **Aufstieg Russlands** und der **USA** zu Großmächten, die unübersehbar weltweit an Einfluss gewannen (siehe S. 46–51)

US-amerikanische Karikatur, aus dem Jahr 1882. Die Figur des John Bull steht für England und dessen imperialistischen Ambitionen. Der Imperialismus wird als Krake dargestellt.

Allgemeine Entwicklungstendenzen des 19. Jahrhunderts

- allmähliche Demokratisierung
- Nationenbildung in ganz Europa mit wachsendem Nationalismus
- Entstehung von Liberalismus und Sozialismus
- Fortsetzung der Industrialisierung
- Diskussion der Sozialen Frage
- Beschleunigung in Wissenschaft und Technik
- kontinuierlich wachsender Welthandel
- zunehmende Liberalisierung der Wirtschaftspolitik

Die Restaurationszeit und die Revolution von 1848/49

Mit dem **Wiener Kongress** zur Neuordnung Europas (1814/15) begann das Zeitalter der Restauration, in dem die Könige und Fürsten versuchten, die Zustände, wie sie vor der Französischen Revolution gewesen waren, wiederherzustellen. Damit sollte zugleich eine dauerhafte Friedensordnung für ganz Europa errichtet werden. Hierfür wurde die **Pentarchie** der fünf europäischen Großmächte Großbritannien, Frankreich, Österreich, Preußen und Russland im Sinne der früheren Gleichgewichtspolitik von neuem etabliert.

DIE PENTARCHIE DER FÜNF EUROPÄISCHEN GROSSMÄCHTE IM 19. JAHRHUNDERT

→ **Großbritannien:** die führende See-, Handels- und Wirtschaftsmacht („Königin der Meere") mit riesigem Kolonialreich

→ **Frankreich:** bis 1870 dominierende Großmacht auf dem Kontinent, wie England mit großem Kolonialbesitz, seit 1871 endgültig Republik

→ **Preußen/Deutsches Reich:** löst 1870/71 Frankreich als führende Kontinentalmacht ab, überrundet um 1900 Großbritannien, sucht seinen „Platz an der Sonne"

→ **Österreich-Ungarn:** Der Vielvölkerstaat der Donau- oder Habsburgermonarchie ringt mit großen inneren Problemen.

→ **Russland:** Der „schlafende Riese" erwacht industriell und wirtschaftlich, bleibt aber unter der Autokratie des Zaren weiterhin rückständig.

Um dieses Gleichgewicht der Mächte zu sichern, erhielt Preußen, das sich nun weit nach Westdeutschland ausdehnte, das Rheinland und Westfalen. Dagegen wuchs Österreich nach Ostmitteleuropa und erwarb überdies Oberitalien. Russland bekam weite Teile Ostpolens, während Frankreich dank einer geschickten Verhandlungsführung trotz der Niederlagen von 1813–1815 seine Gebiete von 1792 behielt.

Deutschland selbst wurde 1815 in Form des **Deutschen Bundes** als lockerer Staatenbund organisiert. Hierzu zählten insgesamt 35 Fürsten sowie vier Freie Reichsstädte. Österreich und Preußen waren mit Teilen ihres Staatsgebiets vertreten und dominierten den Bund, der in Frankfurt

a. M. unter österreichischem Vorsitz tagte. Insgesamt blieb der Deutsche Bund weitgehend handlungsunfähig, da der Partikularismus der Kleinstaaten und der preußisch-österreichische Dualismus ein einheitliches Vorgehen sehr erschwerte.

Allerdings gelang es dem österreichischen Staatskanzler Fürst Metternich, den Deutschen Bund im Sinne der von ihm angestrebten restaurativen Politik zu instrumentalisieren. So wurden alle liberalen und nationalen Bestrebungen unterdrückt. Sowohl hinsichtlich der Staatsform als auch in puncto Religion wollte Metternich die alten Zustände, wie sie vor 1789 bestanden hatten, wiederherstellen. Deshalb forderte er im Sinne einer **„Allianz von Thron und Altar"** die Respektierung des christlichen Glaubens und die Anerkennung des monarchischen Prinzips. Metternich ging es vor allem um die Aufrechterhaltung von Sicherheit und Ordnung.

Kennzeichnend für die von ihm durchgesetzte Staatsform war die Furcht vor umstürzlerischen Bewegungen, die seiner Meinung nach in ganz Europa zu Unruhen und Revolutionen führen würden. Deshalb forderte er ein enges Bündnis aller Monarchen, um der Gefahr einer Revolution rechtzeitig entgegentreten zu können.

Wodurch war das Zeitalter der Restauration gekennzeichnet?

- Vorherrschaft des reaktionären **„Systems Metternich"**, das mit polizeistaatlichen Methoden Sicherheit und Ordnung aufrecht erhielt und mit repressiven Methoden gegen Oppositionelle vorging, ohne den Dialog zu suchen
- trotz Pressezensur und Verfolgung Erstarken der nationalliberalen Bewegung des → **Vormärz**, die in der Intelligenz und im Bürgertum ihren Rückhalt hatte
- ein langer wirtschaftlicher und technologischer Aufschwung, der seit etwa 1830 in den fortschrittlichen Gebieten des Deutschen Bundes zur **Frühindustrialisierung** führte und durch Frieden und Sicherheit ermöglicht wurde
- erhebliche Verschärfung der **sozialen Spannungen** in den 1840er-Jahren, hervorgerufen durch wachsende Armut und Proletarisierung der Unterschichten, was seinen Ursprung in Missernten und der beginnenden Industrialisierung hatte
- Lebensweise und Gedankenwelt im Stil des sogenannten **Biedermeier**, in dem sich das Bürgertum mit eigener Wohnkultur, Literatur und Musik sowie zentralen Werten wie Häuslichkeit und Gemütlichkeit, Moral und Rechtschaffenheit wiederfand

Wichtige Ereignisse der Zeit der Restauration

- **1815**: **Wiener Kongress** zur Neuordnung Europas; Bildung der „Heiligen Allianz" zur Errichtung einer dauerhaften Friedensordnung
- **1816–1821**: Einführung von **Verfassungen** in verschiedenen deutschen Bundesstaaten, so 1818 in Bayern und Baden sowie 1819 in Württemberg
- **1817**: **Wartburgfest** von 500 nationalliberal gesinnten Burschenschaftlern
- **1819**: **Karlsbader Beschlüsse** Metternichs: Verbot der Burschenschaften, Zensur, Überwachung von Universitäten und Professoren (sog. „Demagogenverfolgung"), Einrichtung einer zentralen polizeilichen Untersuchungskommission, Gesetz zum Eingreifen des Deutschen Bundes bei Unruhen in Einzelstaaten
- **1830**: Erstarken der liberalen Opposition im Deutschen Bund nach dem Sieg des liberalen Bürgertums in der französischen **Julirevolution**
- **1832**: **Hambacher Fest**: Massenkundgebung süddeutscher Liberaler mit der Forderung nach einem freien einigen Deutschland
- **1833**: Begründung des **Deutschen Zollvereins** unter Führung Preußens
- **1834**: Verschärfung der Repressionsmaßnahmen Metternichs
- **1835**: Erste deutsche Eisenbahn von Nürnberg nach Fürth: Symbol für die beginnende Industrialisierung in Teilen Deutschlands
- **1844**: Scheitern des **Aufstands** der schlesischen Weber
- **1845–1847**: Regionale soziale **Unruhen** aufgrund der Verschärfung der Wirtschafts- und Versorgungskrise durch Missernten

JAHRESZAHLEN LERNEN!?

Muss man sich eigentlich Jahreszahlen merken? Ja, unbedingt! Insbesondere dann, wenn es sich um Epochenumbrüche und Schlüsselereignisse handelt. So sollten wissen, wofür „1789" steht, und es ist auch kein Luxus, wenn man „1815", „1848/49" und „1870/71" korrekt zuordnen kann.

Übrigens fällt das Behalten sehr viel leichter, sobald man erst einmal ein paar Jahreszahlen sicher weiß – dadurch ergibt sich allmählich ein innerer Bedeutungszusammenhang der verschiedenen Daten.

Die 1840er-Jahre hatten im Deutschen Bund ebenso wie in weiten Teilen Europas eine vorrevolutionäre Stimmung entstehen lassen, da die traditionellen politischen und sozialen Strukturen immer weniger den Anforderungen der Zeit und den Vorstellungen fortschrittlicher Menschen entsprachen. Diese gereizte Stimmung und die forcierte Industrialisierung führten zur politisch-ökonomischen **„Doppelrevolution"** zwischen 1845 und 1848/49 (Hans-Ulrich Wehler). Ihr Scheitern sollte für Deutschland und Europa weitreichende Folgen haben.

Ursachen der Revolution von 1848

* Das **„System Metternich"** mit seinen Polizeistaatsmethoden (Bevormundung, Überwachung und Pressezensur) war weithin verhasst.
* Die **nationalliberale Bewegung** mit ihren Forderungen nach Einheit und nach einer freiheitlichen Verfassung war aus den Repressionen eher gestärkt hervorgegangen: Sie bildete die Speerspitze der Revolution.
* Das **Besitzbürgertum** in Industrie und Wirtschaft verlangte nach einer marktwirtschaftlichen Ordnung und forderte eine umfassende Modernisierung.
* Die nach wie vor in Teilen des Deutschen Bundes bestehende **Kleinstaaterei** war nicht mehr zeitgemäß: Sie erschwerte den Handel ungemein, erzürnte aber auch alle national gesinnte Menschen.
* Die Forderung nach einem einheitlichen deutschen Staatswesen wurde besonders vehement erhoben, weil es inzwischen mit Ausnahme von Italien sonst überall in Europa Nationalstaaten gab.
* Die Missernten von 1842, 1845 und 1846 hatten Hungersnöte, Massenarbeitslosigkeit und Massenelend zur Folge.
* Diese neue Armut, der **„Pauperismus"**, wurde von allen Kreisen des Bürgertums als großes Problem angesehen: Handwerker und Kleinbürgertum fürchteten den sozialen Abstieg, die Bourgeoisie hatte Angst vor einer Revolution der Unterschichten und sah die Gefahren, die sich aus der Bildung eines wachsenden Industrieproletariats ergaben.
* Die Wirtschafts- und Versorgungskrise hatte seit 1845 zu Produktionsrückgängen, Inflation und Massenarbeitslosigkeit geführt. Dadurch war das Vertrauen in das herrschende System weiter geschwunden.

Die **Revolution von 1848 war ein gesamteuropäisches Phänomen**, denn abgesehen von England und Russland kam es überall in Europa zu Aufständen und Umsturzbemühungen. Dabei hatten die revolutionären Vorgänge in Italien und besonders in Frankreich Signalwirkung für Deutschland.

Bereits im Vorfeld der Revolution gab es Anzeichen für den nahenden Umbruch. So verabschiedeten im badischen Heppenheim die südwestdeutschen Liberalen im Oktober 1847 ein Programm mit Forderungen nach nationaler Einheit und Parlamentarisierung. Im Februar 1848 veröffentlichten Karl Marx und Friedrich Engels in London das „Kommunistische Manifest", in dem sie eine proletarische Revolution ankündigten, die die Welt erschüttern werde.

Die revolutionäre Welle begann dann wiederum in Paris, wo am 24.2.1848 die **„Februarrevolution"** zum Sturz der Monarchie und zur Errichtung der Zweiten Republik führte. Nach dem Sieg in Frankreich griff die revolutionäre Bewegung rasch auf weite Teile Europas über. Sie erreichte innerhalb weniger Tage die Pfalz und Baden, wo am 27.2.1848 die Heidelberger Volksversammlung einen Aufruf zur Bildung eines „Vorparlaments" erließ.

Im März 1848 kam es dann in fast allen Staaten des Deutschen Bundes zu Erhebungen, die zunächst außergewöhnlich erfolgreich waren. Die reaktionären Regierungen wurden auf Druck der Straße durch liberale „Märzminister" ersetzt.

Welche Forderungen stellen die Revolutionäre im März 1848?

- **Pressefreiheit**, Wegfall der Zensur und der Publikationsverbote
- **Bürgerrechte**, insbesondere Versammlungsfreiheit und Vereinsbildung
- gesetzliche Sicherstellung des Einzelnen gegen willkürliche Verhaftung und Haussuchung
- Öffentlichkeit der Gerichtsverfahren mit Schwurgerichten
- Wahl eines gesamtdeutschen Parlaments zur Ausarbeitung einer Verfassung
- Verbesserung des Wahlgesetzes
- Verringerung des Heeres, Bildung von Bürgerwehren und Vereidigung des Militärs auf die Verfassung
- Herstellung der nationalen Einheit Deutschlands
- verändertes Steuerwesen zugunsten von Mittel- und Unterschicht

Chronik der Ereignisse seit dem März 1848

- **13.3.1848**: Sturz, Rücktritt und Flucht Metternichs aus Wien
- **18.3.1848**: Einlenken des preußischen Königs in Berlin nach opferreichen Barrikadenkämpfen
- **20.3.1848**: Abdankung des bayrischen Königs Ludwig I.
- **3.4.1848**: Einigung des **Vorparlaments** in Frankfurt auf allgemeine freie Wahlen für ganz Deutschland
- **20.4.1848**: Niederschlagung aufständischer Republikaner in Südbaden durch Regierungstruppen
- **1. Mai 1848:** erste Wahlen zur deutschen **Nationalversammlung** (= NV)
- **18.5.1848**: nach den Wahlen Anfang Mai Eröffnung der Verfassung gebenden NV in der Frankfurter Paulskirche
- **27.6.1848**: Wahl Erzherzog Johanns zum Reichsverweser durch die NV und seit dem 3. Juli Beratung der Delegierten in Frankfurt vor allem über die Grundrechte
- **Seit Juli 1848**: rasches Wiedererstarken der reaktionären Kräfte in Österreich und in Preußen
- **28. Oktober 1848**: Rückeroberung Wiens durch kaiserliche Truppen
- **9. November 1848**: Hinrichtung des Kölners Robert Blum, eines führenden Abgeordneten der Frankfurter Paulskirche, in Wien. Der Protest der NV bleibt ohne Wirkung.
- **10. November 1848**: Rückkehr des preußischen Militärs nach Berlin
- **Dezember 1848**: endgültiger Sieg der **Gegenrevolution**
- **21.12.1848**: Verabschiedung der Grundrechte durch die Frankfurter NV, die aber folgenlos blieb
- **28.3.1849**: Verabschiedung der **Reichsverfassung** in Form der „kleindeutschen" Lösung durch die NV in der Paulskirche; Wahl des preußischen Königs Friedrich Wilhelm IV. zum Kaiser
- **3.4.1849**: Scheitern der Revolution nach der Ablehnung der Kaiserkrone durch Friedrich Wilhelm IV.
- **6. Juni 1849**: Übersiedlung der nach dem erzwungenen Abzug der österreichischen und der preußischen Abgeordneten mehr und mehr machtlosen NV nach Stuttgart
- **18. Juni**: Auflösung des „Rumpfparlaments" durch den württemberg. König
- **Sommer 1849**: endgültiger Sieg der Reaktion über die Revolution überall in Europa, zuletzt auch in Ungarn und Venedig

Wieso scheiterte die Revolution 1848/49 in Deutschland

- Die Doppelaufgabe der Realisierung von Einheit und Freiheit bedeutete für die veränderungsbereiten Kräfte eine Überforderung.
- Die schwierige innere Situation Deutschlands machte ein koordiniertes Vorgehen der Opposition fast unmöglich. Das Fehlen einer Hauptstadt und der verbreitete Partikularismus erschwerten ein gemeinsames Handeln der Revolutionäre erheblich.
- Organisatorische Probleme verschärften diese Schwierigkeiten zudem. Da es weder eine etablierte Organisation oder Partei gab noch ein eigentliches revolutionäres Zentrum, war es unmöglich, die oppositionellen Kräfte zu bündeln und zusammenzuhalten.
- Die **Spaltung** der revolutionären Bewegung in **gemäßigte Liberale** und **radikale Demokraten** schwächte die Stoßkraft der revolutionären Bewegung (Uneinigkeit in der Frage der Abschaffung der Monarchie).
- In diesem Zusammenhang wirkte sich der frühzeitig gescheiterte **„Hecker-Zug"** im Frühjahr 1848 verhängnisvoll aus, zumal sich fortan viele Besitzbürger von der Revolution abwandten, da sie eine Radikalisierung und Enteignungen fürchteten.
- Die Abgeordneten der Frankfurter Paulskirche waren wenig entschlussfreudig. Sie diskutierten ausgiebig über die Verfassung, vernachlässigten aber den Aufbau einer machtpolitisch starken Position gegenüber den Vertretern der alten Ordnung.
- Die NV verfügte weder über eine eigene Armee noch über eine geeignete Beamtenschaft.
- Es gab keine charismatische Führungspersönlichkeit, die in der Lage gewesen wäre, die verschiedenen Kräfte zusammenzufassen und zu strukturieren.
- Die reaktionären Kräfte erholten sich nach den Anfangserfolgen der Revolutionäre im Frühjahr 1848 schnell. **Vor allem Militär und Verwaltung standen weiter loyal hinter dem alten System.**
- Im Gegensatz zu den Revolutionären gelang den Monarchen rasch ein koordiniertes Vorgehen, wobei sie ihre überlegene militärische Gewalt geschickt und rücksichtslos einsetzten.
- In der Übergangslage von der Agrar- zur Industriegesellschaft gab es kein wirklich „revolutionäres Subjekt".

Bedeutung und Ergebnis der Revolution

Das **Scheitern der Revolution** von 1848/49 hatte für Europa und vor allem für Deutschland schwerwiegende Folgen. Eine **Liberalisierung** war dadurch auf lange Zeit unmöglich geworden. Stattdessen setzten sich die reaktionären Kräfte durch, die schließlich 1871 die **nationale Einigung** in der Gründung des zweiten Deutschen Kaiserreichs realisierten. Auch wenn damit nicht zwangsläufig die fatale Entwicklung vorgegeben war, die in den Ersten Weltkrieg und in das „Dritte Reich" einmündete, waren doch bereits 1849 die Weichen so gestellt, dass eine allmähliche Demokratisierung, wie sie in den westlichen Staaten Europas gelang, in Mitteleuropa nicht möglich war.

Andererseits ließen sich nach 1850 auch im wiederhergestellten Deutschen Bund die Uhren nicht vollständig zurückdrehen. Vielmehr waren wichtige Teile der traditionellen Feudalordnung dauerhaft aufgehoben, und **Verfassungsstaaten** hatten das **„System Metternich"** ersetzt.

Schließlich sollte nicht vergessen werden, dass der zweite Teil der **politisch-ökonomischen „Doppelrevolution"** der Zeit von 1845 bis 1850 erfolgreich war, denn der technologische und wirtschaftliche Wandel setzte sich nach 1849 ungebremst fort und förderte den gesellschaftlichen Emanzipationsprozess insbesondere des Bürgertums. Damit war aber zugleich klar, dass die Durchsetzung der Menschenrechte und der Demokratisierung von Staat und Gesellschaft nur aufgeschoben waren.

Friedrich Franz Karl Hecker wurde im März 1848 in Mannheim zum Kommandanten der Bürgerwehr gewählt. Von dort begab er sich im April ins badische Oberland, um von dort einen Volksaufstand mit dem Ziel einer republikanischen Staatsordnung zu organisieren. Am 11. April rief er in Konstanz zur bewaffneten Erhebung auf. Die Resonanz blieb gering. So war die hier abgebildete Niederlage im Kampf gegen württembergische Soldaten am 20. April unvermeidbar. Heckers Lebensweg endete im Exil in den USA.

Industrialisierung und Soziale Frage

Die von England ausgehende **Industrielle Revolution**, die im 19. Jahrhundert alle Länder Europas mehr oder weniger stark erfasste, war keinesfalls nur ein technologischer Wandel. Die Industrialisierung war auch weit mehr als bloß eine Veränderung der Produktions- und Arbeitsverhältnisse. Vielmehr bewirkte sie einen **gesellschaftlichen Umbruch,** der sich mit der Zeit auf alle Lebensbereiche auswirkte und keine Bevölkerungsschicht verschonte. Dabei bewirkte die Industrialisierung eine in der menschlichen Wirtschaftsgeschichte bis dahin nie gekannte Dynamik: Zum einen gab es in ihrem Gefolge immer wieder neue Erfindungen und technische Verbesserungen, zum anderen bedeutete sie für alle Länder und jedes Volk eine ungeheure Herausforderung. Denn ein Staat, der nicht bereit war, die Errungenschaften der Industrialisierung zu übernehmen, wurde rückständig und geriet mit der Zeit mehr und mehr unter den Einfluss der fortschrittlicheren Nationen.

So war China, das stolze „Reich der Mitte", der imperialistischen Einflussnahme der Europäer hilflos ausgeliefert. Weder den Kanonenbooten noch der wirtschaftlichen Überlegenheit des Westens hatte das bevölkerungsreichste Land der Erde etwas entgegenzusetzen und musste so ähnlich demütigende Erfahrungen machen wie vorher schon Lateinamerika, Schwarzafrika und andere Länder in Asien.

Die Industrialisierung war also ein **universeller Vorgang**. Ihre Erscheinungsformen und Folgewirkungen sind daher in allen Staaten und Kulturkreisen ähnlich, und auch ihre Entwicklungsstadien und Strukturmerkmale weisen viele Gemeinsamkeiten auf.

BEDEUTUNG DER WIRTSCHAFTS- UND SOZIALGESCHICHTE

Längst sind die Zeiten vorbei, in denen die Geschichte sich fast ausschließlich mit der großen Politik beschäftigte oder gar als eine Aufeinanderfolge von Kriegen beschrieben wurde. Seit der Zeit der Industrialisierung sind gerade wirtschaftsgeschichtliche Entwicklungen in den Fokus der Historiker gerückt. Seither ist klar, wie wichtig es ist, ökonomische und finanzielle Aspekte zu berücksichtigen und zu analysieren. Gleiches gilt für sozialgeschichtliche Fragestellungen. Hieraus ergibt sich für Sie: Berücksichtigen Sie stets die wirtschafts- und sozialgeschichtliche Seite Ihres Themas.

Begleiterscheinungen/Folgen der Industrialisierung

- Die Arbeitsabläufe wurden zunehmend von Maschinen bestimmt, während die Arbeiter nun weitgehend von den Erfordernissen der Produktion und vom Diktat der Maschinen abhängig waren.
- Die Arbeit verliert immer mehr an Selbstwert und bietet kaum noch Möglichkeiten zur Selbstverwirklichung (**„Entfremdung"**).
- **Ausbeutung** der Arbeiter durch die meisten Unternehmer, die vor allem ihre Rendite im Sinn haben.
- Dank der ungeheuren Profitspannen, die die Massenproduktion ermöglichte, wachsende Unterschiede zwischen Arm und Reich.
- Polarisierung der Industriegesellschaft in eine **Klassengesellschaft** von Fabrikherren und Arbeitern.
- Niedergang der ständischen Gesellschaft und Durchsetzung des Bürgertums, das Produktion, Handel und Finanzwelt dominierte.
- Entstehung der **Arbeiterschaft** als neuer Schicht (**„Vierter Stand"**), die vor allem in der Zeit der Frühindustrialisierung von Massenarmut und existentieller Not geprägt war.
- **Urbanisierung** (explosives Anwachsen der industriellen Ballungsgebiete) durch Landflucht und Nachfrage nach Arbeitskräften in den Fabriken.
- Radikale Veränderung des Landschaftsbilds ganzer Regionen, vor allem dort, wo Kohle und Eisen gefördert werden (wie im mittelenglischen Industriegebiet, in Belgien und im Ruhrgebiet).
- Allmähliche Verwandlung der Lebensumwelt auch außerhalb der Ballungszentren, sodass sich die technischen und sozialen Veränderungen nach und nach auch auf dem Lande auswirkten.
- Entstehen einer modernen **Massengesellschaft** mit einer nie gekannten Vielfalt von Lebensformen und kulturellen Angeboten
- Verlust der aus Religion und Moral überlieferten Traditionen, Werte und Normen
- Immenses **Bevölkerungswachstum** durch verbesserte Hygiene und ein Absinken der Sterberate bei weiter hoher Geburtenrate

Besonders brisant waren die politischen und die sozialen Folgewirkungen der Industrialisierung. Erst in diesem Zeitalter bildeten sich die modernen Parteien, die höchst unterschiedliche politische Weltanschauungen vertraten. So entstanden der **Liberalismus**, der Freiheit für jeden einzelnen Bürger forderte, und der **Sozialismus**, der sich vehement für die Gleichberechtigung aller Menschen einsetzte.

Insofern stand die Etablierung der pluralistischen Konkurrenzdemokratie, wie wir sie kennen, durchaus mit der Industrialisierung in einem direkten Zusammenhang. So konnten erst im Rahmen der bürgerlichen Gesellschaft des 19. Jahrhunderts allmählich moderne Verfassungen mit Grund- und Menschenrechten, Gewaltenteilung und Volkssouveränität durchgesetzt werden.

Im Gefolge dieser Entwicklung zu einem zeitgemäßen Rechtsstaat gelang auch die Emanzipation von bis dahin benachteiligten und diskriminierten Bevölkerungsgruppen. Hierzu zählten vor allem die Juden und nationale Minderheiten sowie die Frauen und Kinder, und nicht zuletzt die Arbeiter und die gesamte Unterschicht.

Als Folge der problematischen Lage des **Industrieproletariats** bestimmte die **soziale Frage** die innenpolitische Auseinandersetzung der gesamten Epoche.

Wie war die Situation von Fabrikarbeiterinnen und -arbeitern um 1850?

- tägliche Arbeitszeit von 12–16 Stunden, wöchentliche Arbeitszeit nicht selten bis zu 100 (!) Stunden, kein Urlaub
- Löhne maximal ausreichend zur Deckung des Existenzminimums. Frauen- und Kinderarbeit oft zur Sicherung des Lebensunterhalts zwingend notwendig
- unerträgliche Arbeitsbedingungen: Hitze und Lärm in den Fabrikhallen, meist Fehlen jeglicher Schutzbestimmungen
- Monotonie der Arbeitsprozesse, Entfremdung des Arbeiters vom Produkt seiner Arbeit durch Maschinisierung und Automatisierung
- keine Vorsorge für Krankheit, Unfälle, Arbeitslosigkeit oder Ruhestand
- harte Bestrafung der Arbeiter bei geringsten Fehlhandlungen und geringfügigen Verspätungen
- Verbot von Gewerkschaften und Streiks
- erbärmliche Wohnverhältnisse der meisten Arbeiterfamilien: enge und ungesunde Wohnungen. Zimmer, in denen sechs Personen wohnen und schlafen mussten, waren nicht ungewöhnlich.

Infolge der raschen Bevölkerungszunahme und der Flucht vieler Landbewohner in die Städte entstanden in den wuchernden Ballungszentren dicht besiedelte Arbeitervororte und Slums. Durch das hohe Angebot an Arbeitskräften konnten die Löhne noch weiter gedrückt werden. Ausbeutung, entfremdete Arbeit und Massenarmut (**„Pauperismus"**) sind deshalb untrennbar mit der Lage der Arbeiter vor allem in der Zeit der Frühindustrialisierung verbunden.

Die allgemeinen Missstände der damaligen Zeit wurden von den Sozialisten attackiert und harter Kritik unterworfen. In besonderer Weise taten dies **Karl Marx** und **Friedrich Engels**, die die kapitalistischen Produktionsverhältnisse und die Profitgier der Unternehmer für das allgemeine Elend verantwortlich machten.

Ansätze zur Lösung der sozialen Frage

1	In den beiden christlichen Kirchen wurden im Geiste der **Nächstenliebe** karitative Organisationen begründet, die das Los der Arbeiter milderten. Beispielhaft für diese Bestrebungen stehen auf katholischer Seite die Namen Adolf Kolping (Gesellenvereine) und Freiherr von Ketteler (Mitbegründer der katholischen Soziallehre), bei den Protestanten Pfarrer Johann Hinrich Wichern (Eröffnung des „Rauhen Hauses" für verwahrloste Jugendliche) und Pastor Friedrich von Bodelschwingh (Krankenfürsorge, Arbeiterkolonien).
2	Ferner gab es **fortschrittliche Unternehmer**, die die Arbeits- und Lebensumstände ihrer Arbeiter zu bessern suchten, indem sie, wie z. B. Alfred Krupp und Robert Bosch, Werkswohnungen, Konsumvereine und Betriebskrankenkassen einrichteten. Allerdings duldeten diese Firmenpatriarchen weder Mitbestimmung noch Gewerkschaften.
3	Staatliche Sozialpolitik hatte es im Zeichen des aufkommenden Kapitalismus noch nicht gegeben. Vielmehr hatte der **Wirtschaftsliberalismus** dem Staat eine Laissez-faire-Politik der Nichteinmischung nahegelegt. Ab etwa 1830 erkannten die Regierungen jedoch zunehmend die Notwendigkeit, zugunsten der Proletarier eingreifen zu müssen. Dies geschah durch **Arbeiterschutzbestimmungen** (Festlegung maximaler Arbeitszeiten, Verbot von Kinderarbeit, Erlaubnis von Gewerkschaften etc.) und durch konkrete Maßnahmen **staatlicher Sozialpolitik**, wie sie in den 1880er-Jahren beispielhaft in Belgien und im Deutschen Reich durchgeführt wurden (Kranken-, Unfall- und Invaliditätsversicherungen sowie Altersvorsorge durch Rentenkassen).
4	Schließlich entstanden im 19. Jahrhundert die **Gewerkschaften** und die **Arbeiterparteien**. Sie waren von sozialistischen Gedanken inspiriert und forderten radikale Veränderungen in Wirtschaft und Gesellschaft, die sie notfalls durch eine gewaltsame Revolution erreichen wollten. Bei der SPD setze sich allerdings die gemäßigte Richtung durch, die versuchte, die Lage der Arbeiter allmählich durch Reformen zu verbessern. Die Sozialdemokraten waren seit 1890 im Reichstag vertreten, in dem sie eine konstruktive Sozialpolitik betrieben, die eher auf Ausgleich als auf Konfrontation ausgerichtet war.

Das Deutsche Kaiserreich

Der Weg zur Reichsgründung (1850 bis 1871)

- Im 1850 wiederbegründeten Deutschen Bund blieb der Wunsch nach nationaler Einigung weiter lebendig. Allerdings zogen sich viele politisch enttäuschte Bürger resigniert ins Privatleben zurück. Andere emigrierten (Massenauswanderungen in die USA) oder wandten ihre ganze Energie dem Wirtschaftsleben zu, das in den 1850er-Jahren einen beispiellosen Aufschwung erfuhr.

- Der auch nach 1850 ohnmächtige Deutsche Bund war durch den sich steigernden **preußisch-österreichischen Dualismus** bestimmt. Der Gegensatz der beiden deutschen Großmächte hatte dazu geführt, dass die allgemein angestrebte Reichseinigung in zwei Varianten überlegt wurde: Zum einen diskutierte man die **„großdeutsche" Lösung** unter Einschluss Österreichs, das in diesem Falle auch dominieren sollte, zum anderen die **„kleindeutsche" Alternative**, die die Reichseinigung unter preußischer Führung bei gleichzeitigem Ausschluss Österreichs vorsah.

- Innenpolitisch waren sich die beiden Kontrahenten indes mit den mittleren und kleineren Fürsten vollkommen einig: Sie wollten eine konservativ-bürokratische Stabilisierung der Monarchie und betrieben planmäßig eine Revision der Errungenschaften von 1848/49.

- Bei alledem spielte **Otto Fürst von Bismarck** eine zentrale Rolle. Schon als preußischer Gesandter beim Bundestag in Frankfurt erstrebte er die Gleichberechtigung mit Österreich, während er als Ministerpräsident Preußens alles daran setzte, die kleindeutsche Lösung zu verwirklichen. Zugleich war er durch und durch konservativ und monarchistisch und betrieb von Anfang an eine gegen das Parlament gerichtete Politik, wobei er vor der Verfolgung und Einschüchterung von Oppositionellen nicht zurückschreckte.

- Außenpolitisch verfolgte Bismarck eine **kühl kalkulierte Machtpolitik**, die binnen eines knappen Jahrzehnts die **Reichseinigung** unter Führung Preußens erzielte. Auch hier ging er mit der ihm eigenen Rücksichtslosigkeit vor und war bereit, drei allerdings zeitlich begrenzte Kriege zu führen, um seine Interessen durchzusetzen.

- **Mit der 1871 vollzogenen Reichsgründung verschob sich die Mächtekonstellation in Europa gravierend**, denn das Deutsche Reich war von da an die dominierende Großmacht auf dem europäischen Kontinent.

Wichtige Ereignisse der Zeit von 1850–1871

- **1850–1862**: **Reaktionszeit**: innenpolitische Friedhofsruhe bei gleichzeitigem wirtschaftlichem Aufschwung, der vor allem Preußen zugute kommt.
- **1851**: Aufhebung der Verfassung und der Grundrechte durch den Bundestag in Frankfurt: In Österreich **Neoabsolutismus** mit zentralistischer Bürokratie.
- **1859**: In der Gründung des **Deutschen Nationalvereins** und in den Feiern anlässlich des 100. Geburtstags Friedrich Schillers artikulieren sich die deutschen Einheitsbestrebungen.
- **1862**: Bismarck provoziert als preußischer Ministerpräsident einen Verfassungsstreit mit den Liberalen („Eisen und Blut" als Motto seiner Regierungspolitik) und setzt sich dabei durch.
- **1864**: Nach der Annexion Schleswigs durch Dänemark gewinnt Preußen mit Unterstützung Österreichs den deutsch-dänischen Krieg.
- **1866**: Nach neuerlichen Spannungen in der Schleswig-Holstein-Frage siegt Preußen am 3. Juli bei Königgrätz im „Deutschen Krieg" über Österreich, das von den süddeutschen Staaten, Kurhessen und Hannover unterstützt wird. Damit scheidet die lange Zeit diskutierte „großdeutsche Lösung" als Möglichkeit für einen künftigen Nationalstaat aus. Der **Deutsche Bund** wird von Bismarck aufgelöst.
- **1867**: Bildung des von Preußen dominierten Norddeutschen Bunds.
- **1870/71**: Mithilfe der **Emser Depesche** führt Bismarck diplomatisch geschickt den deutsch-französischen Krieg herbei. Es kommt zu der erhofften und von Frankreich nicht für möglich gehaltenen Solidarisierung der süddeutschen Staaten mit Preußen.
- Die überlegenen und taktisch geschickt operierenden deutschen Truppen siegen wiederholt. Nach der entscheidenden Schlacht bei Sedan und der Gefangennahme des französischen Kaisers Napoleon III. erfasst ganz Deutschland ein nationalistischer Freudentaumel. Diese Euphorie führt noch während des Krieges zur Begründung des (zweiten) Deutschen Kaiserreichs und zu der von Bismarck angestrebten kleindeutschen Lösung eines Nationalstaats unter Führung Preußens.
- **18. Januar 1871**: In Versailles wird das **Deutsche Kaiserreich** ausgerufen und der preußische König Wilhelm I. zum Kaiser proklamiert.

Welche Motive führten zur Reichseinigung

- In allen Teilstaaten des Deutschen Bundes und in allen Kreisen der Bevölkerung war der Wunsch nach einem Nationalstaat weit verbreitet. Die Deutschen fühlten sich als **„verspätete Nation"**, zumal 1861 auch in Italien ein einheitlicher Staat gegründet worden war.
- Viele Deutsche wollten endlich auch im Konzert der europäischen Mächte eine gewichtige Rolle mitspielen und eine an den eigenen Interessen orientierte **Großmachtpolitik** betreiben.
- Preußen wollte seine eigene Großmachtstellung ausbauen und sichern. Bismarck kam diesem Hegemonialstreben entgegen und benutzte es zugleich zielstrebig, um damit die Reichseinigung im Sinne Preußens herbeizuführen.
- Die Wirtschaft, insbesondere Handel und Großindustrie, hatten ein großes Interesse an einem einheitlichen **Binnenmarkt** ohne Zölle und Handelshemmnisse. Produzenten und Konsumenten verband der Wunsch nach Angleichung und Vereinheitlichung der nach wie vor von Land zu Land differierenden Währungen, Maße und Gewichte. Ebenso sinnvoll und notwendig erschien die Schaffung verbindlicher Industrienormen und einheitlicher Gesetze.
- Die Liberalen und die von der 1848er-Revolution enttäuschten Bürger hofften auf eine fortschrittliche Reichsverfassung mit verbürgten Grundrechten und einer Stärkung der Legislative.

Bismarck-Denkmal in Hamburg (erbaut 1901 bis 1906). Vor allem die gelungene nationale Einigung ließ Bismarcks Anerkennung in weiten Teilen der Bevölkerung wachsen. Er wurde zu einer fast ins mythische überhöhten Figur, die bis in 20. Jahrhundert wirkte. Bismarck-Denkmäler und Bismarck-Türme übersäten bald das Land.

Das Deutsche Kaiserreich (1871–1914/18)

Die Epoche des Zweiten Deutschen Kaiserreichs umfasst die mehr als vier friedlichen Jahrzehnte vor 1914 und die vier furchtbaren Jahre des Ersten Weltkriegs, an dessen Ende nach der militärischen Niederlage des Reiches die Monarchie zusammenbrach.

- Die erste Phase des Kaiserreichs stand ganz im Zeichen Bismarcks, der als Reichskanzler eine maßvolle Außenpolitik und eine polarisierende Innenpolitik betrieb. Seine **Entlassung** 1890 bedeutete die entscheidende Zäsur in der Geschichte des Kaiserreichs, denn mit **Kaiser Wilhelm II.** begann eine abenteuerliche Außenpolitik, während die Innenpolitik stärker von Integrationsbemühungen gekennzeichnet war. Das Streben des Reiches nach **Weltgeltung**, das einer der Hauptgründe für den Ausbruch des Ersten Weltkriegs war, war insofern zugleich auch die Ursache für sein Ende.

- Wirtschaftlich war die Zeit des Kaiserreichs durch die fortschreitende Industrialisierung gekennzeichnet, in deren Gefolge Deutschland zunächst zur **führenden Wirtschaftsmacht** auf dem Kontinent wurde, ehe es dann um 1900 auch Großbritannien in der Industrieproduktion überflügelte. Auch technologisch und wissenschaftlich war das Reich führend, und Produkte „Made in Germany" waren auf der ganzen Welt begehrt.

- In gesellschaftlicher Hinsicht bedeutete das Wilhelminische Zeitalter den Übergang vom Agrar- zum Industriestaat, obwohl feudale Strukturen fortbestanden. Der Gegensatz von einer traditionsgebundenen adligen Elite zu einer zunehmend selbstbewussteren Arbeiterschaft machte die Dynamik des Kaiserreichs aus, barg aber auch viel Sprengstoff, denn die Soziale Frage war in dieser gesamten Ära ein Dauerthema der Innenpolitik.

- Die Versöhnung der großen sozialen Gegensätze gelang durch den **„Hurra-Patriotismus"** der meisten Deutschen und durch das allgegenwärtige Militär, das als Bindeglied zwischen den verschiedenen gesellschaftlichen Gruppen fungierte.

- Insgesamt war das Deutsche Kaiserreich eine konstitutionelle Monarchie mit einem keineswegs machtlosen Parlament. Es war feudale Industriegesellschaft und rückwärtsgewandter Obrigkeitsstaat, aber auch die Heimat höchst unterschiedlicher und durchaus moderner Künstler und Literaten.

Die Reichsverfassung von 1871

Das Deutsche Kaiserreich war seit 1871 eine konstitutionelle, also keine parlamentarische Monarchie. Der erbliche Kaiser hatte eine dominierende Stellung, weshalb die neue Staatsform von Historikern auch als „halbabsolutistisch" und „semikonstitutionell" bezeichnet wird.

Der Kaiser
- war in Personalunion König von Preußen und Deutscher Kaiser,
- hatte den Oberbefehl über das Heer,
- ernannte und entließ den Reichskanzler und die Minister,
- berief den Bundesrat ein,
- hatte die Möglichkeit, den Reichstag aufzulösen.

Der Reichskanzler
- war in der Regel in Personalunion auch preußischer Ministerpräsident,
- führte den Vorsitz im von Preußen dominierten Bundesrat,
- war direkter Vorgesetzter aller Staatssekretäre.

Der Reichstag
- ging aus allgemeinen, gleichen, direkten und geheimen Wahlen hervor und war dadurch demokratisch legitimiert.
- Frauen haben weder aktives noch passives Wahlrecht,
- umfasste 397 Abgeordnete,
- war mit dem Bundesrat an der Gesetzgebung beteiligt und musste den Etat bewilligen,
- hatte dennoch nur begrenzte Macht, da er vom Reichskanzler und auch durch den Bundesrat aufgelöst werden konnte,
- hatte kein Mitspracherecht bei der Ernennung des Reichskanzlers und konnte ihm auch nicht das Misstrauen aussprechen.

Zuständigkeiten des Reiches
- Zoll- und Handelsgesetzgebung
- Geldwesen und Währungsfragen
- Heer und Marine
- Außenpolitik
- Vereinheitlichung von Maßen und Gewichten
- 1871: einheitliches Strafgesetzbuch, 1900 Bürgerliches Gesetzbuch (BGB).
- Das Zweite Deutsche Kaiserreich war bundesstaatlich organisiert: Es bestand aus 25 Bundesstaaten, darunter 4 Königreichen, 6 Großherzogtümern und 3 Freien Städten. Allerdings dominierte das Königreich Preußen das Reich entscheidend.

Wichtige Ereignisse der Geschichte des Deutschen Reiches 1871–1918

- **1871**: Das **zweite deutsche Kaiserreich** ist ein Bundesstaat, in dem die Fürsten und die Freien Städte in vielen Bereichen souverän bleiben. Dennoch wird es von Preußen dominiert, dessen Ministerpräsident Otto von Bismarck zugleich Reichskanzler ist.

- Seit **1871/72**: Im „**Kulturkampf**" die Auseinandersetzung des Reiches und vor allem des preußischen Staates mit der katholischen Kirche, deren Machtstellung Bismarck untergraben will. Trotz aller Anstrengungen muss Bismarck seit 1878 die Kampfgesetze wieder zurücknehmen.

- **1878–1890**: **Sozialistengesetz** gegen die SPD: Verbot von sozialdemokratischen und sozialistischen Versammlungen, Zeitungen und Bücher. Die Zerschlagung der SPD gelingt Bismarck dennoch nicht. Ganz im Gegenteil wird so das Selbstbewusstsein der Arbeiterbewegung gekräftigt. **1879**: Zweibund Deutschlands mit Österreich-Ungarn.

- **1882**: Dreibund-Vertrag mit Österreich-Ungarn und Italien.

- Seit **1883**: Zur „positiven Bekämpfung" der SPD betreibt Bismarck **Sozialpolitik**. Sozialgesetze zur Kranken- (1883), Unfall- (1884), Alters- und Invalidenversicherung (1889).

- **1887**: Im „Rückversicherungs-Vertrag" mit Russland sichert sich Bismarck im Kriegsfall die Neutralität des Zarenreiches.

- **1890**: Entlassung Bismarcks durch den seit 1888 amtierenden Kaiser Wilhelm II., der Arbeiterschaft und SPD für seine Pläne gewinnen will und deshalb noch im selben Jahr das Sozialistengesetz außer Kraft setzt

- **1894**: Französisch-russischer Zweibund. Gleichzeitig führt eine ungeschickte Außen- und Handelspolitik zur Abkühlung der deutsch-britischen Beziehungen, die sich seit 1900 weiter verschlechtern (Aufstieg des Deutschen Reiches zur stärksten Industrienation Europas und expansiv betriebene Flottenpolitik).

- **1904**: Abschluss der französisch-englischen Entente cordiale, wodurch Deutschland sich weiter isoliert

- **1890–1914**: innenpolitisch trotz des anhaltenden Wirtschaftsaufschwungs Stagnation: Allgegenwärtige Militarisierung der Gesellschaft, weit verbreitete Obrigkeitstreue und Untertanenmentalität, keine Demokratisierung

- **August 1914**: Die **Balkan-Krise** führt zum **Ersten Weltkrieg**.

- **9.11.1918**: Kapitulation des Reiches und Abdankung des Kaisers

Kolonialismus und Imperialismus

BEGRIFFSKLÄRUNG: IMPERIALISMUS

Imperialismus bedeutet vor allem das Bestreben, die eigene Herrschaft auf andere Völker auszudehnen mit dem Ziel, diese politisch, militärisch, ökonomisch und auch kulturell zu beeinflussen. Dem Imperialisten geht es also um Unterwerfung und Beherrschung, zugleich aber auch um Ausbeutung und Ausnutzung der kolonialisierten Gebiete. Der Wunsch, sich so wirtschaftliche Vorteile zu sichern, ist dabei ebenso groß wie das Streben, den eigenen Herrschaftsbereich zu sichern und sich gegen andere Mächte zu behaupten.

Auch wenn es das Streben nach Überlegenheit des eigenen Staatswesens über andere Völker seit jeher gab, bezeichnet man doch die Zeit von etwa 1880 bis zum Ausbruch des Ersten Weltkriegs als das eigentliche **Zeitalter des Imperialismus**, da diese Epoche ganz im Zeichen des wachsenden Gegensatzes der europäischen Großmächte stand, die um Einflusssphären auf Kosten der nichtweißen Bevölkerungen außerhalb Europas stritten. Mit den USA und Japan waren auch zwei nichteuropäische Staaten an diesem Verteilungskampf beteiligt. In Europa waren es vor allem Großbritannien, Frankreich, Russland und das Deutsche Reich, die erfolgreich versuchten, die eigene Herrschaft auszudehnen. Dazu kamen Staaten wie Italien, Belgien und die Niederlande, die imperialistische Zielsetzungen in Übersee verfolgten. Außerdem betrieb auch Österreich-Ungarn auf dem Balkan eine imperialistische Politik.

Im Laufe dieser Ära vollzog sich die faktische Aufteilung der gesamten Erde unter den genannten Staaten. Dabei betrachteten die USA die Karibik sowie Mittel- und Südamerika als ihren „Hinterhof", in dem sie keine fremde Einmischung zuließen. Die europäischen Großmächte mussten sich deshalb auf Afrika und Asien konzentrieren, wo allerdings der Spielraum für neue Kolonien gegen Ende des 19. Jahrhunderts zunehmend erschöpft war, weil bereits fast alle Gebiete usurpiert waren. Deshalb kam es um 1900 überall dort, wo die eroberten Gebiete aneinanderstießen, mehr und mehr zu Auseinandersetzungen zwischen den Großmächten. Dies galt zunächst in Afrika, wo französische und britische Interessen kollidierten, dann in Mittel- und Ostasien, wo die russische Expansion erst die Gegnerschaft Englands, später die Japans hervorrief.

Aus diesem **Gegensatz der Großmächte** resultierten wachsende internationale Spannungen, die eine friedliche Konfliktbewältigung immer unwahrscheinlicher werden ließen. Deshalb bedeutete der **Erste Weltkrieg** die unheilvolle, aber auch zwangsläufige Konsequenz des weltweiten Expansionismus.

Wer besaß im 19. Jahrhundert welche Kolonien?

Kolonialmacht	Beherrschte Territorien
Großbritannien	in Afrika unter anderem Nigeria, Teile Südafrikas, Rhodesien, Kenia, den Sudan und Ägypten; in Asien Britisch-Indien mit Pakistan, Ceylon, dem heutigen Bangladesch und Teilen Burmas, ferner Malaysia mit Singapur sowie Hongkong; Australien und Neuseeland; in Amerika Kanada und Brit.-Guayana
Frankreich	Algerien, Tunesien, Teile Marokkos, fast ganz Westafrika, Teile des Kongo; Madagaskar, ein Teil von Guayana
Deutschland	Togo, Kamerun, Südwestafrika, Kiautschou in China, Teile Neuguineas und mehrere Inselgruppen im Südpazifik ("Südseekolonien")
Niederlande	Indonesien; ein Teil Guayanas
Belgien	fast der gesamte Kongo
Spanien	Kuba (bis 1898); Spanisch-Marokko
Portugal	Angola, Mosambik; Macao/Südostchina
Italien	Libyen, Eritrea, Teile Somalias
USA	Puerto Rico, Panamakanal; Philippinen
Japan	Port Arthur, Südmanschurei, Taiwan

Das Erstaunliche der imperialistischen Bestrebungen der Zeit um 1900 besteht bei allen Rivalitäten zwischen den Großmächten darin, dass sich Motive und Vorgehensweisen frappierend ähnelten, auch wenn die Parolen und proklamierten Zielsetzungen stark differierten. So unterschied sich die **Kolonialpolitik** des immerhin republikanischen Frankreich nicht qualitativ von der des deutschen Kaiserreiches, und die Einflussnahme des liberalen Großbritannien hatte manches gemeinsam mit derjenigen des zaristischen Russland. Einzig der amerikanische Imperialismus hatte ein eigenes Gepräge, da er sich damit begnügte, die beherrschten Gebiete zwar wirtschaftlich und politisch abhängig zu machen, ohne sie aber direkt zu erobern (sog. "Dollarimperialismus").

Über hundert Jahre nach dem Zeitalter des Imperialismus stellt sich die Frage, ob die gegenwärtige **Globalisierung** wirklich so ganz anders ist oder ob sie nicht eine Fortführung in verändertem Gewand bedeutet. In mehr als einer Hinsicht dominieren jedenfalls die damals bestimmenden Mächte auch heute noch weltweit. Allen Veränderungen des 20. Jahrhunderts zum Trotz sind es nach wie vor die europäischen Staaten, die USA und auch Japan, die die Weltpolitik und die Weltwirtschaft bestimmen. Allerdings haben sich die Formen der Einflussnahme verändert, und es scheint fast so, als ob sich auch hier das ursprünglich amerikanische Modell durchgesetzt hat. Als neuer Akteur tritt China auf den Plan.

Alle imperialistischen Herrschaftsansprüche basieren auf einem **Überlegenheitsgefühl**, das ideologisch überhöht wird. Aus der Hochschätzung der eigenen Ethnie oder Rasse wird dann der Anspruch abgeleitet, andere Völker unterwerfen und beherrschen zu können. Dabei spielen stets **ökonomische Motive** eine Schlüsselrolle. Jedoch wird das Bestreben, wirtschaftliche Vorteile auf Kosten anderer Länder und Völker zu erlangen, in der Regel verbrämt und kaschiert, indem eine besondere Mission vorgebracht wird, der zufolge die imperiale Macht den Auftrag hat, die „Wilden" zu zivilisieren. „Heilsgüter", die man den „Eingeborenen" bringen und gegebenenfalls aufzwingen will, können wie zu Beginn der Neuzeit der christliche Glaube sein oder auch – wie im 19. Jahrhundert – die Idee einer republikanischen Staatsform.

Welche Motive hatten die Großmächte im Zeitalter des Imperialismus?

* Erschließung und Förderung von Rohstoffen für die eigene weiterverarbeitende Industrie
* Gewinnung von neuen Absatzmärkten für im eigenen Land hergestellte Waren
* Suche nach billigen Arbeitskräften
* Erwerb von neuen Siedlungsgebieten für den Bevölkerungsüberschuss im eigenen Land
* Ablenkung von inneren Schwierigkeiten durch außenpolitische Eroberungen
* Kampf um Einflusszonen im weltweiten Mächtepoker
* Prestigedenken
* Sendungsbewusstsein, verbunden mit einem immensen Überlegenheitsgefühl, das zu dem missionarischen Drang führte, die Errungenschaften der eigenen Zivilisation möglichst weltweit zu verbreiten.

SCHLÜSSELBEGRIFFE ZUR EPOCHE DES IMPERIALISMUS

Chauvinismus: Bezeichnung für übersteigerten militanten Nationalismus, speziell in der Zeit der Dritten Republik in Frankreich (1870 – 1940)

Globalisierung: Seit den 1990er-Jahren gebräuchliche Bezeichnung für die zunehmende internationale Verflechtung der Volkswirtschaften und die Entstehung weltweiter Märkte für Waren, Rohstoffe, Geld und Dienstleistungen. Die Globalisierung wird durch neue Kommunikations- und Informationsmittel beschleunigt. Sie führt dazu, dass Unternehmen global operieren können und hohe Renditeerwartungen zu einem verschärften Konkurrenzkampf führen.

Kolonialismus: Bezeichnung für die Politik eines Staates, die auf den Erwerb, die Beherrschung und die Ausbeutung von meist in Übersee gelegenen Besitzungen ausgerichtet ist. Als Epoche des Kolonialismus wird oft die zweite Hälfte des 19. Jahrhunderts bezeichnet

Rassismus: Weltanschauung, die behauptet, dass es über- und untergeordnete Rassen gibt. Aus der Rassenlehre wird eine angebliche Überlegenheit gewöhnlich der eigenen Rasse abgeleitet, was als Legitimation für die Herrschaft dieser Rasse über Menschen anderer Rassen benutzt wird.

Sendungsbewusstsein: Im Rahmen von Nationalismus und Imperialismus bildete sich in Europa und in den USA vor allem in der zweiten Hälfte des 19. Jahrhunderts ein starkes Sendungsbewußtsein heraus, das die Überlegenheit des eigenen Volkes oder Staates betonte und mit missionarischem Eifer die Ausbreitung des eigenen Machtbereichs betrieb. Dabei glaubte man, dass dies für die anderen Völker nützlich und segensreich sei.

SYNERGIEEFFEKTE MIT GEMEINSCHAFTSKUNDE

Die Fächer Gemeinschaftskunde/Politik knüpfen unmittelbar an das Zeitalter des Imperialismus an, sobald es um Fragen der „Dritten Welt", der Entwicklungshilfe oder der Globalisierung geht. Viele Probleme der Länder des „Südens" hängen bis heute mit der kolonialen Vergangenheit und der Beherrschung und Ausbeutung des „Südens" zusammen. Clevere Lerner nutzen deshalb die Schnittmengen dieser Fächer mit Geschichte, denn die historischen und aktuellen Aspekte dieses Themenbereichs ergänzen sich sinnvoll.

Der Aufstieg der USA und Russlands

Das 20. Jahrhundert war von 1917 bis 1990, insbesondere in der Zeit nach 1945 von dem Gegensatz der USA und der UdSSR bestimmt. Die Dominanz dieser beiden die Welt beherrschenden Supermächte lässt sich nur begreifen, wenn man den Aufschwung beider Länder im 19. Jahrhundert versteht und nachvollzieht.

Der Aufstieg der USA zur Weltmacht

Nach der Gründung der Vereinigten Staaten von Amerika und dem Sieg der Kolonisten im Unabhängigkeitskrieg erlebte das neue Staatswesen im 19. Jahrhundert einen raschen Aufstieg in den Kreis der Großmächte. Die schrittweise **Expansion nach Westen** und die von der Ostküste ausgehende **Industrialisierung** machten den ersten modernen Verfassungsstaat für viele Menschen der Alten Welt attraktiv, sodass die stürmische Entwicklung von einem starken Bevölkerungswachstum (auch durch Immigration) begleitet wurde.

Welche Grundwerte beinhaltet der American Dream?

Die Vereinigten Staaten sind ohne ihren **Gründungsmythos** und ihre aus unbändiger Sehnsucht nach Freiheit und Selbstbestimmung erwachsene Identität nicht wirklich zu verstehen. Diese Wünsche und Werte werden als **„American Way of Life"** und als **„American Dream"** bezeichnet. Folgende Elemente sind konstitutiv für das amerikanische Selbstverständnis, das bis heute durch die puritanische Haltung und den Calvinismus der ersten Siedler geprägt ist. Hierzu zählen:

→ der Geist der Selbstbestimmung und Unabhängigkeit in Politik und Privatleben;

→ der Drang nach Selbstbetätigung und Erfolg in Wirtschaft und Beruf;

→ der Wille zur Selbstbehauptung in der Natur und in der Gesellschaft;

→ der Wunsch nach Selbstvervollkommnung und Selbstverwirklichung;

→ ein starkes Sendungsbewusstsein, das wie selbstverständlich davon ausgeht, dass die eigenen Ideale auch für alle anderen Menschen und Völker erstrebenswert sind.

Die Ausdehnung der USA nach Westen

Außenpolitisch hielten sich die USA noch zurück und vermieden es, in europäische Konflikte verwickelt zu werden, denn bis etwa 1850 nahm die Ausdehnung nach Westen die meisten Kräfte in Anspruch. Dabei bildete sich in dieser Zeit eine **Pionierhaltung** heraus („frontier spirit"), die für die Identität der Amerikaner bis heute wichtig geblieben ist.

Auf die erfolgreiche Phase der territorialen Ausdehnung bis 1850 folgte in der zweiten Hälfte des 19. Jahrhunderts eine Zeit der inneren Festigung und der Bewährung. Im Mittelpunkt der Probleme des Landes standen die **Konflikte um die Sklaverei**, die von den industrialisierten Nordstaaten abgelehnt wurde, während die durch Plantagenwirtschaft geprägten Südstaaten unbedingt daran festhalten wollten. Die Auseinandersetzungen um die Sklaverei führten schließlich zur Staatskrise und zum Bürgerkrieg.

Nach dem Sieg des Nordens über den Süden 1865 standen die folgenden Jahrzehnte im Zeichen der intensiven Besiedlung des ganzen Landes und der Hochindustrialisierung. Dank einer beispiellosen wirtschaftlichen und technologischen Revolution stiegen die USA nun endgültig in den Kreis der führenden Industriestaaten auf.

Die USA zu Beginn des 20. Jahrhunderts

Nach ihrem Sieg über Spanien 1898 betrieben die USA eine mehr und mehr **imperialistische Außenpolitik**. Präsident Theodore Roosevelt (1901–1909) sah die Vereinigten Staaten als **Polizeimacht** für Mittel- und Südamerika, wo die eigenen Truppen wiederholt intervenierten („Big-Stick-Politik"). Ansonsten zogen es die USA vor, mithilfe ihrer gewaltigen Finanz- und Wirtschaftsmacht politischen Einfluss zu gewinnen (**„Dollarimperialismus"**). Ferner war Roosevelt bestrebt, bei internationalen Konflikten außerhalb der amerikanischen Hemisphäre als Vermittler und Schiedsrichter aufzutreten.

In der Zeit vor 1914 hatten die Vereinigten Staaten hinsichtlich ihrer Wirtschaftskraft und Industrieproduktion das Britische Empire längst überrundet und auch das Deutsche Reich weit hinter sich gelassen. Sie waren zum **führenden Industriestaat der Welt** geworden.

Im Ersten Weltkrieg verhielten sich die USA unter Präsident W. Wilson zunächst abwartend und blieben neutral. Mit ihrem Kriegseintritt entschieden sie dann 1917/18 den Krieg zugunsten der Alliierten.

Wichtige Ereignisse der US-Geschichte im 19. Jahrhundert

- **1801–1809**: Thomas Jefferson, dritter US-Präsident, sparsame Haushaltspolitik, begrenzt die Macht der Regierung.
- **1803**: Verdoppelung der Staatsfläche durch Kauf von „Louisiana"
- **1808**: Der Kongress beschließt, die **Sklaveneinfuhr** zu verbieten.
- **1819**: Spanien verkauft Florida für fünf Mil. Dollar an die USA.
- **1823**: US-Präsident James Monroe fordert die strikte **Nichtein-mischung** der europäischen Staaten in amerikanische Angelegenheiten. Zugleich erklärt er, dass die USA sich nicht an europäischen Kriegen beteiligen werden.
- **1829–1837**: Unter Andrew Jackson setzt eine breite **Demokratisierung** der US-Gesellschaft und ihrer politischen Ordnung ein: allgemeines Wahlrecht, Parteien gegen die Sklaverei, erste Gewerkschaften und Frauenrechtlerinnen. Dagegen 1830 der „Indian Removal Act": Umsiedlung und Vertreibung der Indianer ist rechtens.
- **1845**: Annexion von Texas und Krieg gegen Mexiko (1846–1848), das alle Gebiete nördlich des Rio Grande verliert
- **1848**: Einverleibung Kaliforniens, die USA erreichen den Pazifik.
- **1861**: Die elf Südstaaten erklären wegen der sklavenfeindlichen Haltung der Nordstaaten die **Sezession**.
- **1861–1865**: Abraham Lincoln führt den **Sezessionskrieg**, in dem er um den Erhalt der Union und gegen die Sklaverei kämpft.
- **1865**: Sieg der Nordstaaten im Bürgerkrieg
- **1865**: Im 13. Verfassungszusatz wird die Sklaverei abgeschafft. 1866 erhalten die ehemaligen Sklaven die Bürgerrechte, 1869 das Wahlrecht.
- Seit **1865**: Besetzung des Südens, Beginn des Wiederaufbaus („Reconstruction")
- **1867**: Die USA kaufen Russland Alaska für 7,2 Millionen Dollar ab.
- Seit **1870**: Beginn der **Hochindustrialisierung**, in deren Verlauf riesige Konzerne und Trusts entstehen („Big Business").
- **1873** führen die Spekulation mit Eisenbahnaktien und die Überproduktion in Landwirtschaft und Industrie zum Börsencrash und zu einer lang anhaltenden Wirtschaftskrise.
- **1890**: Der letzte Widerstand der Indianer wird in der Schlacht am Wounded Knee gebrochen; offizielle Schließung der „frontier".
- **1896**: Im „Separate-but-equal-Urteil" wird die **Rassentrennung** legalisiert. Die Aufhebung dieser Gesetze erfolgt erst 1964.
- **1898**: Die USA siegen im Krieg gegen Spanien.

Russlands Weg von der Autokratie bis zum Revolutionsjahr 1917

Seit der umfassenden **Modernisierung** Russlands unter Peter dem Großen (1689–1725) gehörte das Zarenreich zu den fünf europäischen Großmächten. Diesen Rang behauptete das riesige, aber rückständige Land auch im gesamten 18. Jahrhundert. Nach dem Scheitern und Untergang Napoleons in Russland im Winter 1812/13 galt der damalige Zar Alexander I. zeitweise sogar als „Befreier Europas".

Dieses positive Bild des russischen Herrschers hatte allerdings nicht lange Bestand, denn mit dem Friedensschluss des Wiener Kongresses von 1815 zeigte sich sehr bald, dass das Zarenhaus in keiner Weise gewillt war, liberalen Forderungen der Zeit entgegenzukommen. Ganz im Gegenteil: Alexander I. schmiedete maßgeblich mit Preußen und Österreich die **„Heilige Allianz" der Restauration**, die die Ära Metternich einleitete.

Innenpolitisch bedeutete dies die Stärkung des traditionellen Russland, das in der fortschrittsfeindlichen Dreiheit von autokratischem **Zarismus**, **orthodoxer Kirche** und **russisch-mystischem Volkstum** verharrte. Unter Alexanders Nachfolger, seinem Bruder Nikolaus I. (1825–1855), verstärkten sich die reaktionären Tendenzen. Der **„Gendarm Europas"** bekämpfte mithilfe einer allgegenwärtigen Geheimpolizei die reformorientierten Kräfte. Zugleich förderte er den großrussischen Nationalismus, in dessen Gefolge der **Panslawismus** als Schutzbewegung aller slawischen Völker unter russischer Obhut entstand. Außerdem begann in den 1830er-Jahren in einigen westlichen Zentren Russlands eine von oben eingeleitete Industrialisierung, die zur Erschließung dieser Landesteile durch die Eisenbahn führte.

Nach der Niederlage im Krim-Krieg (1853–1856), die Russland gegen die mit dem Osmanischen Reich verbündeten Engländer und Franzosen erlitt, erkannte der neue Zar Alexander II., dass eine umfassende Modernisierung von Militär, Bürokratie und Wirtschaft unumgänglich war. Allerdings war er nicht bereit, das autokratische Regierungssystem infrage zu stellen. Deshalb begann er eine **„Revolution von oben"**, in der 1861 die Aufhebung der immer noch bestehenden Leibeigenschaft angeordnet und 1870 eine moderne Städteordnung eingeführt wurde.

Trotz dieser Reformen blieben die Probleme des Zarenreiches ungelöst, zumal immer wieder neue **revolutionäre Gruppen** von den Narodniki bis zu den Nihilisten und Sozialisten die innere Ordnung erschütterten. Nach der Ermordung Alexanders II. durch eine Anarchistengruppe 1881 verschärften seine Nachfolger Alexander III. (1881–1894) und Nikolaus II.

(1894–1917) die absolute Autokratie erneut. Das Zarentum stützte sich nun noch mehr auf die ihm ergebenen Kräfte in Armee und Verwaltung. Außerdem wurde 1881 durch die neu gegründete Geheimpolizei ein engmaschiges Spitzel- und Agentenwesen etabliert, das Hochschulen, Presse und Justiz überwachte. Im Gegensatz zur reaktionären Innenpolitik stand in Rußland die forcierte Industrialisierung, deren Motor der Eisenbahnbau war. Dadurch wurde der Aufbau der Schwerindustrie und des Kohlebergbaus vorangetrieben. Dank der Errichtung der 1891 begonnenen und 1916 fertig gestellten transsibirischen Eisenbahn konnten weite Gebiete Mittelasiens und Sibiriens erschlossen und enger an die russischen Zentren angebunden werden. Damit wurden zugleich strategische Ziele verfolgt, denn der zaristische Expansionswille blieb trotz der großen innenpolitischen Spannungen ungebrochen.

Was waren die Gründe für Russlands Rückständigkeit?

* Das Zarenreich hatte weder **Renaissance** noch **Reformation** noch **Aufklärung** erlebt, wodurch sich ein absolutistisches Herrschaftssystem erhalten konnte, das abweichende Meinungen nicht aufkommen ließ.
* Auch die russisch-orthodoxe Kirche war traditionalistisch und fortschrittsfeindlich.
* Russland blieb allen Industrialisierungsbemühungen zum Trotz ein **weitgehend agrarisch bestimmter Staat**, in dem die einfache Lebensweise der Bauern zumeist mystisch verklärt wurde.
* Die Mentalität insbesondere des Bauernstandes war durch eine religiös verankerte Glaubenshaltung geprägt, in der die diesseitige Welt meist hinter der geistigen zurücktrat. Starke Beharrungskräfte erstickten so häufig Innovationen und Veränderungen.
* Ein einflussreiches **Bürgertum** fehlte in Russland ebenso wie eine wirkliche Stadtkultur. Die bis auf Moskau und Petersburg relativ kleinen Städte bestanden eher aus loyalen Beamten und unpolitischen Gewerbetreibenden als aus kritischen Bürgern.
* Das weitgehende Fehlen einer breiten Schicht von tatkräftigen Unternehmern und ausgebildeten Fachleuten wirkte ebenfalls entwicklungshemmend, wohingegen die Schicht der Gebildeten zwar oft extrem staatskritisch war, dafür aber in der Bevölkerung auf dem Lande nur wenig Gehör fand.
* Die immense Ausdehnung des Landes machte seine Erschließung schwierig. Neue Entwicklungen brauchten deshalb sehr lange, bis sie in die Außenposten des Riesenreiches gelangten.

Allerdings verschärfte die **Industrialisierung** die sozialen Gegensätze weiter, denn mit der Entstehung eines rasch anwachsenden Industrieproletariats nahm auch das **Protestpotential** zu. Die Konfliktfähigkeit der Fabrikarbeiter vergrößerte sich dadurch, dass sie sich in wenigen industriellen Zentren konzentrierten und dass sie durch sozialistische Parteien eine weltanschauliche Fundierung und eine straffe Organisation erhielten.

Dadurch entstand eine aufgeheizte Stimmung, die sich 1905 in Streiks und revolutionären Unruhen entlud. Im selben Jahr erlitt Russland im Krieg gegen Japan eine vernichtende Niederlage, sodass sich der Zar zu ersten Reformen genötigt sah. Deshalb wurden die bürgerlichen Freiheiten, das allgemeine Wahlrecht und mit einem Parlament (der sogenannten „Duma") die Errichtung einer Legislative versprochen. Allerdings behielt sich der Zar das absolute Veto vor. Er löste die Duma mehrmals auf, weshalb seine faktische Alleinherrschaft als **„Scheinkonstitutionalismus"** bezeichnet wird.

DAS 19. JAHRHUNDERT (1815–1914)   Checkliste

→ Welche Ereignisse verbinden Sie mit den folgenden Jahreszahlen?

1815	1861
1819	1871
1848	1890

→ Erklären Sie folgende Begriffe:
Wiener Kongress
Sozialismus
Liberalismus
Imperialismus
Restauration
American Dream

→ Fragen zum Nachdenken:
1. Woran scheiterte die Revolution von 1848/49 in Deutschland?
2. Wieso waren die europäischen Kolonialmächte so erfolgreich?
3. Wie kam es zum Aufstieg Deutschland zur Großmacht seit 1862?
4. Wodurch wurden die USA und Russland zu Weltmächten?

ZEIT DER WELTKRIEGE (1914 BIS 1945)

1914 endete die lange Friedenszeit, die Europa in den vorhergehenden Jahrzehnten erlebt hatte und die schon bald danach als „die gute alte Zeit" verklärt wurde. Mit dem Ausbruch des Ersten Weltkriegs, der **„Urkatastrophe des 20. Jahrhunderts"**, begann abrupt eine neue Epoche, die man auch als das „Zeitalter der Weltkriege" bezeichnet. Diese etwas mehr als dreißigjährige Periode von 1914 bis 1945 stand vor allem im Zeichen der Auseinandersetzung des Deutschen Reiches mit den Westmächten, die das deutsche Hegemonialstreben nicht zulassen wollten.

Das für die gesamte weitere Entwicklung des 20. Jahrhunderts entscheidende Jahr war das **„Epochenjahr" 1917**: Der Kriegseintritt der USA und die erfolgreiche Revolution der Bolschewisten in Russland markierten den Beginn des politischen, wirtschaftlichen und gesellschaftlichen Gegensatzes zwischen dem westlichen System des Kapitalismus und dem östlichen des Kommunismus. Dieser Gegensatz führte sehr bald nach 1945 zum Kalten Krieg, der erst durch den Zusammenbruch des Ostblocks und der Sowjetunion in den Jahren 1989 bis 1991 beendet werden konnte.

PRÜFUNGSVORBEREITUNG

Auch wenn das kaum jemand wirklich schafft, versuchen sie es doch einmal, rechtzeitig mit dem Lernen zu beginnen. Es muss ja nicht immer auf den letzten Drücker sein, oder? Wenn man z. B. auch das Wochenende vor der Klausur wenigstens zum Teil zur gezielten Vorbereitung einbeziht, ist schon viel gewonnen. Dann sollte man immer darauf achten, dass man sich auf Wesentliches konzentriert.

Gerade in Geschichte kommt es in erster Linie nicht auf die Einzelheiten, sondern immer auf die „großen Zusammenhänge" an. Deshalb geht es in der letzten Phase vor einer Prüfung vor allem darum, das Wissen immer stärker zu komprimieren. Denken Sie dabei daran, wie wichtig es ist, die Epochengrenzen absolut sicher zu kennen, damit Sie den Überblick behalten.

- der **Erste Weltkrieg** und das den Krieg entscheidende Epochenjahr 1917 (siehe S. 54–57)
- allgemeine Entwicklungen zwischen den beiden Weltkriegen (siehe S. 58–61)
- die **Weimarer Republik**, deren Bewertung von ihrem Scheitern her beurteilt werden muss (siehe S. 62–71)
- das **„Dritte Reich"** der NS-Diktatur, die Deutschland in die schwerste Katastrophe seiner Geschichte stürzte (siehe S. 72–81)
- der **Zweite Weltkrieg**, an dessen Ende für Deutschland die **„Stunde Null"** stand (siehe S. 82–85)

Weltpolitisch gesehen gelang es in den Jahren nach dem Ersten Weltkrieg nicht, eine stabile Friedensordnung zu etablieren. Stattdessen wurden in vielen Ländern **rechts- oder linksradikale Parteien** übermächtig. Dadurch bestimmten zunehmend Aggressivität und nationalistischer Egoismus die internationale Politik. Durch den **Systembruch in Deutschland**, der mit der Ernennung Hitlers zum Reichskanzler 1933 überdeutlich wurde, verschärften sich die radikalen Tendenzen weiter. Die massive Aufrüstung und der zunehmend unverhüllte Expansionswille des NS-Staats führten dann unweigerlich in den Zweiten Weltkrieg.

Allgemeine Entwicklungstendenzen der Zeit von 1914 bis 1945

- wachsender **Nationalismus**
- **totalitäre Tendenzen** in vielen Ländern
- Herausforderung durch die Etablierung der UdSSR
- Bedrohung durch Faschismus und Nationalsozialismus
- die demokratischen Staaten in der Defensive
- schwere **Wirtschafts- und Finanzkrisen**
- trotzdem **steigender Welthandel** und fortgesetzte Industrialisierung
- Die **Zerrissenheit** der Epoche wird in der Kunst der Moderne dargestellt.

Die Weimarer Republik erlebte bereits 1923 die erste massive Krise mit gravierenden sozialen Auswirkungen: eine Hyperinflation, wie es sie zuvor noch nie gegeben hatte.

Der Erste Weltkrieg und das Epochenjahr 1917

Der unerbittliche **Macht- und Verteilungskampf der Großmächte** um Einflusszonen und Ressourcen hatte im **Zeitalter des Imperialismus** zu einer in der Geschichte beispiellosen Expansion geführt. Als diese Ausdehnung an ihre natürlichen Grenzen stieß, war eine Konfrontation der Großmächte unvermeidlich, zumal in allen Staaten nationalistische und sozialdarwinistische Mentalitäten dominierten, die das eigene Streben nach Weltgeltung legitimierten und verbrämten. Dabei schien den Kolonialmächten die Überlegenheit der weißen Rasse ebenso evident wie die Unterjochung aller Völker anderer Hautfarbe gerechtfertigt.

Wenn es trotzdem zunächst nicht zum weltweiten Krieg kam, so deshalb, weil sich in Europa seit 1890 eine **Bündniskonstellation** herausbildete, in der sich die bestimmenden imperialistischen Mächte Großbritannien, Frankreich und Russland zusammenschlossen. Ihnen gegenüber standen die „Mittelmächte" Deutschland und Österreich-Ungarn, die mit Italien und dem Osmanischen Reich verbündet waren.

Im Vorfeld des Jahres 1914 gab es zwar mehrere Krisen zwischen den beiden Machtblöcken um Marokko und den Balkan, die aber friedlich gelöst werden konnten. Als jedoch am 28. Juni 1914 der österreichische Thronfolger Franz Ferdinand in Sarajewo einem Attentat zum Opfer fiel, gelang es nicht mehr, die sich ausweitende Julikrise einzudämmen. Stattdessen wirkte ein unheilvoller Bündnismechanismus, der innerhalb von fünf Wochen zum Ausbruch des Ersten Weltkrieges führte.

MILITÄRGESCHICHTE

Muss man eigentlich heute immer noch in Geschichte besonders viel über Schlachten und Kriegsverläufe wissen? Nein, zum Glück sind diese Zeiten längst vorbei! Es schadet aber auch nichts, wenn man wenigstens in groben Zügen insbesondere über den Verlauf der beiden Weltkriege informiert ist. Dies ist auch deshalb nötig, weil militärische Ereignisse gravierende Folgen für die Außen- und auch für die Innenpolitik haben.

Nach der **Kriegserklärung Österreichs an Serbien** antwortete dessen Verbündeter Russland mit der Mobilmachung. Daraufhin erklärte Deutschland Anfang August erst Russland und dann Frankreich den Krieg. Nach dem Überfall des Deutschen Reiches auf das neutrale Belgien folgte die britische Kriegserklärung an das Deutsche Reich.

Gleich in den ersten Wochen des Krieges scheiterte der **Schlieffenplan** des deutschen Generalstabs. Danach sollten die deutschen Truppen in kurzer Zeit Frankreich besiegen, um anschließend die russische Armee zu attackieren. Dieser Plan misslang jedoch vollständig, da der deutsche Vorstoß in Nordwestfrankreich ins Stocken geriet.

Zur gleichen Zeit fielen russische Truppen in Ostpreußen ein, wo ihnen nur schwache deutsche Regimenter gegenüberstanden, die indes trotz zahlenmäßiger Unterlegenheit unter der Führung der Generäle Hindenburg und Ludendorff siegreich blieben. Insbesondere die gewonnene **Schlacht von Tannenberg** im August 1914 begründete den Mythos der Genialität der beiden Generäle, die dadurch seither im Deutschen Reich eine äußerst wichtige Rolle spielten.

Nach dem Scheitern des Schlieffenplans erstarrte die gesamte Frontlinie im Westen. Es kam zum **Stellungskrieg**, in dem beide Seiten verbissen um geringfügige Geländegewinne kämpften, ohne dass es in den nächsten Jahren irgendwo zu einem entscheidenden Durchbruch kam. Dabei wurden in gewaltigen Materialschlachten Millionen Soldaten geopfert, doch trotz aller Anstrengungen ereignete sich **„Im Westen nichts Neues"** (so der Titel des 1929 erschienenen Antikriegsromans von Erich Maria Remarque).

Auch an der Ostfront gab es nach ersten Erfolgen der Mittelmächte im Herbst 1914 zunächst keine großen Veränderungen mehr, obwohl die russische Armee zunehmend kriegsmüde wurde. Zur See fand lediglich 1916 eine große Schlacht zwischen der britischen und der deutschen Flotte statt, die unentschieden verlief. Die englische **Seeblockade**, die die Engländer seit 1914 errichtet hatten, um Deutschland von seinen Zufuhren abzuschneiden, blieb so ungebrochen. Dies führte zu ernsthaften Versorgungsengpässen in der deutschen Zivilbevölkerung.

1915 wechselte das anfangs mit den Mittelmächten verbündete Italien zu den Alliierten, worauf eine Südfront entstand, die wichtige österreichische Truppenteile band. So hatte sich eine **Pattsituation** ergeben, in der das Jahr 1917 kriegsentscheidend wurde.

Das Epochenjahr 1917

Anfang 1917 waren die Mittelmächte noch im Vorteil, weil **Russland** infolge der dortigen **Revolutionen** im Februar und im Oktober mehr und mehr als Gegner ausschied.

Erst durch den **Kriegseintritt der Vereinigten Staaten**, die damit auf den uneingeschränkten U-Bootkrieg der deutschen OHL (= Oberste Heeresleitung unter Hindenburg und Ludendorff) reagierten, änderte sich die Situation grundlegend. Auch wenn die USA über zwölf Monate brauchten, ehe sie ihre personellen und materiellen Ressourcen wirksam mobilisieren konnten, gab die nun von Monat zu Monat stärkere Überlegenheit der Alliierten 1918 den Ausschlag für den Ausgang des Krieges. Auf die erschöpften deutschen Soldaten trafen jetzt frische alliierte Truppen, die dank der 1918 effektiv funktionierenden US-Kriegswirtschaft zudem noch sehr gut ausgerüstet und ernährt waren. Außerdem machte sich nun die waffentechnische Überlegenheit der Alliierten (bei Flugzeugen ebenso wie bei den „Tanks", den Vorläufern der Panzer) immer stärker bemerkbar. Nach dem **„Schwarzen Tag des deutschen Heeres"** am 8. August 1918, als ein britischer Angriff mit Tanks einen nachhaltigen Durchbruch an der Westfront erzielte, war deutlich geworden, dass das Deutsche Reich den Krieg nicht mehr gewinnen konnte. Deshalb bemühte sich Berlin seit dem Oktober um einen baldigen Waffenstillstand. Um den USA entgegenzukommen, erfolgte am 28. Oktober eine Änderung der Verfassung des Reiches, das dadurch zu einer parlamentarischen Monarchie wurde.

Doch dies bedeutete nur eine **Zwischenlösung**, denn in den Tagen danach meuterten die deutschen Matrosen, die sich weigerten, zum befohlenen Gefecht auszulaufen. Darauf kam es Anfang November 1918 zum Umschwung, der am **9. November** zur **Revolution** führte: Der Kaiser wurde abgesetzt und die Republik ausgerufen.

Am 11. November 1918 schwiegen dann an allen Fronten die Waffen, und der Erste Weltkrieg hatte dank der durch die USA bewirkten materiellen Überlegenheit mit dem Zusammenbruch der Mittelmächte und dem Sieg der Alliierten geendet. Durch das Ausbluten aller europäischen Großmächte und den Zusammenbruch der traditionellen politischen Ordnung auf dem alten Kontinent gab es allerdings nur einen wirklichen Gewinner, die Vereinigten Staaten. Sie waren der politische Sieger und hatten zugleich wirtschaftlich und finanziell profitiert, wohingegen die anderen Gewinner sich bei den USA verschuldet hatten.

Die beiden russischen Revolutionen des Jahres 1917

Die russische Kriegsmüdigkeit führte in der **Februarrevolution** 1917 zum Sturz des Zaren und zur Errichtung einer großbürgerlichen Provisorischen Regierung, die sich die Macht aber mit den Sowjets, den Arbeiter- und Soldatenräten, teilen musste. Diese „Doppelherrschaft" wurde zunehmend unpopulär, da die Regierung unter Ministerpräsident Kerenski den Krieg trotz des wachsenden Unmuts der Bevölkerung um jeden Preis weiterführen wollte. So konnten am 7. November 1917 die **Bolschewiki**, die radikale Kaderpartei unter den Sozialisten, unter Führung **Wladimir I. Lenins** und **Leo D. Trotzkis** mit ihrem populären Programm („Frieden, Landverteilung und Brot") die Revolution wagen (nach dem damaligen russischen Kalender fand der Umsturz am 24. Oktober statt, weshalb dieser Staatsstreich bis heute als „**Oktoberrevolution**" bezeichnet wird). Nachdem die gut vorbereiteten Bolschewisten die frei gewählte bürgerliche Regierung Kerenski gestürzt hatten, konnten sie sich innerhalb weniger Tage in den Zentren Russlands durchsetzen. Mit der Errichtung einer gänzlich neuen politischen, ökonomischen und gesellschaftlichen Ordnung war damit eine welthistorische Wende eingetreten, die den Verlauf des gesamten 20. Jahrhunderts maßgeblich bestimmen sollte.

Im März 1918 beendete Lenin im **Frieden von Brest-Litowsk** den Krieg mit den Mittelmächten und war dafür bereit, sehr harte Bedingungen zu akzeptieren (große Gebietsverluste, eine hohe Kriegsentschädigung). Lenin hoffte, durch diese Atempause Zeit zu gewinnen, um die bolschewistische Herrschaft festigen und gegen die „Weißen Armeen" des gegenrevolutionären Lagers behaupten zu können.

ZENTRALE BEGRIFFE ZUR RUSSISCHEN REVOLUTION

- **Bolschewiki**: (russ. = Mehrheitler): Selbstbezeichnung Lenins und seiner Anhänger. Die Bolschewiki wollten den Marxismus durch eine Revolution umsetzen und vertraten die radikalste Richtung in der russischen Arbeiterbewegung.
- **Februarrevolution**: die erste Revolution im Russland des Jahres 1917, die im März (nach dem damals in Russland noch gültigen Kalender im Februar) begann und zur Absetzung des Zaren führte.
- **Menschewiki**: (russ. = Minderheitler): Gemäßigter Flügel der Sozialdemokratischen Arbeiterpartei Russlands, die 1903 einmal auf einem gemeinsamen Kongress den Bolschewiki unterlegen waren, sonst aber stets mehr Stimmen erhielten als diese.

Entwicklungen zwischen den beiden Weltkriegen

Als es nach der Niederlage der Mittelmächte 1918/19 darum ging, eine neue Ordnung zu schaffen, waren sich die westlichen Demokratien einig, dass das Deutsche Reich und seine Verbündeten nachhaltig geschwächt werden mussten, um die Gefahr eines neuerlichen Krieges zu vermeiden. Mit den **Pariser Friedensverträgen** des Jahres 1919 versuchten die Alliierten, eine dauerhafte Friedensordnung zu etablieren. Dieser Versuch gelang aber nicht. So wurde der **Versailler Vertrag** in Deutschland durchweg abgelehnt und führte zu einer allgemeinen Antistimmung gegenüber den Siegermächten. Auch die Neuordnung Ostmitteleuropas erwies sich als fragil, weil die neu geschaffenen Nationalstaaten weder politisch noch wirtschaftlich gefestigt und überdies durch fortdauernde Konflikte mit nationalen Minderheiten geschwächt waren.

Dass die 1919 errichtete Ordnung von Anfang an brüchig und keineswegs die von vielen erhoffte Weltfriedensordnung war, zeigte sich schon daran, dass die Friedensverhandlungen unter Ausschluss von Vertretern der besiegten Mittelmächte und des inzwischen bolschewistischen Russlands stattfanden. Dadurch wurden die Interessen der Verlierer kaum berücksichtigt, weshalb sich die Menschen in den unterlegenen Staaten von vornherein bevormundet und benachteiligt fühlten.

Den Alliierten gelang 1919 die angestrebte Schwächung Deutschlands und seiner Bündnispartner. Zugleich eröffneten die folgenden **Pariser Vorortverträge** (Verträge mit Deutschösterreich, Bulgarien und Ungarn) durchaus auch Möglichkeiten für eine demokratische Entwicklung und ein friedliches Miteinander der Staaten Europas. Außerdem wurde mit dem 1919 gegründeten Völkerbund erstmals in der Weltgeschichte eine internationale Organisation geschaffen, die zum Ziel hatte, Frieden und Sicherheit innerhalb der Staatengemeinschaft zu gewährleisten. Mit dem Haager Ständigen Internationalen Gerichtshof wurde sogar eine Schiedsstelle eingerichtet, die bei zwischenstaatlichen Konflikten vermitteln und eingreifen durfte.

Trotz solcher positiver Ansätze zur Friedenssicherung durch eine „Gesellschaft der Nationen" gelang es nicht, das internationale politische System nachhaltig zu stabilisieren. Deshalb ist die Geschichte nach dem Ersten Weltkrieg auch immer als Vorgeschichte des Zweiten Weltkrieges zu sehen.

Wieso war das internationale System nach 1919 so instabil?

- Die meisten Besiegten erkannten die Nachkriegsordnung nicht wirklich an, sondern sahen in der **Revision der Vertragsbedingungen** das Hauptziel ihrer außenpolitischen Bemühungen.

- Der **Völkerbund** war von Anfang an geschwächt, da die USA nicht beigetreten waren, während Deutschland (bis 1926) und die UdSSR (bis 1934) ausgeschlossen blieben. Mit dem Austritt Japans und Hitler-Deutschlands aus dem Völkerbund 1933 wurde dieser weitgehend ohnmächtig.

- Die **Konsolidierung der bolschewistischen Herrschaft** in Russland und der Ausbau der sowjetischen Herrschaft in der 1922 gegründeten UdSSR bedeuteten eine permanente Bedrohung für die anderen Staaten, die ein Übergreifen der angekündigten **„Weltrevolution"** befürchteten.

- Als Reaktion auf die „bolschewistische Gefahr" entstanden vor allem in Mitteleuropa r**echtsradikale Gruppierungen**, die die ohnehin noch nicht gefestigten Demokratien weiter schwächten.

- Der Sieg der **Faschisten** unter ihrem „Duce" Benito Mussolini führte in Italien seit 1922 zur Errichtung einer faschistischen Diktatur.

- Seit 1931 betrieb Japan eine zunehmend expansive Außenpolitik in Ostasien und im Pazifik, die vor allem von den USA als existentielle Bedrohung aufgefasst wurde.

- Mit der **„Machtergreifung"** der Nationalsozialisten unter Hitler wurde auch Deutschland zu einer totalitären Einparteiendiktatur, deren Expansionsstreben die Friedensordnung von Jahr zu Jahr mehr erschütterte.

- Zu alledem kamen andauernde Konflikte in Ostmitteleuropa, die aus den nationalen Gegensätzen und der Behandlung der jeweiligen Minderheiten resultierten.

- Schließlich spiegelte der mit äußerster Grausamkeit geführte **Spanische Bürgerkrieg** (1936–1939) die ideologischen Konfliktlinien zwischen den verfeindeten Lagern in Europa wider.

- Allgemein war die politische Kultur der Zeit zwischen den beiden Weltkriegen von einer starken **Polarisierung** verfeindeter Lager und feindseliger Ideologien gekennzeichnet. Dies galt für die Internationalen Beziehungen ebenso wie für die innenpolitische Form der Auseinandersetzung innerhalb der einzelnen Staaten. Unverhohlener Hass und gegenseitiger Vernichtungswille bestimmten in vielen Ländern das öffentliche Leben.

Die hier genannten Belastungsfaktoren wirkten sich allerdings erst in den 1930er-Jahren massiv aus. Bis dahin schien es so, als ob sich die Nachkriegsordnung stabilisieren würde. Dies lag vor allem daran, dass die wirtschaftliche Entwicklung bis 1929 insgesamt positiv verlaufen war.

Insbesondere in den USA hatte es seit 1916 einen lang anhaltenden Wirtschaftsaufschwung gegeben, der breiten Schichten einen bescheidenen Wohlstand ermöglichte. Massenkonsum, neue Technologien wie das Auto, das Radio, das Kino und das Telefon sowie sehr dynamische kulturelle Entwicklungen (**„Roaring Twenties"** mit Jazz, Tango und starken Emanzipationstendenzen) schufen in den USA das Empfinden allgemeiner Zufriedenheit und Überlegenheit („There is no way like the American way of life").

Dieses Gefühl der **„Goldener Zwanziger Jahre"** setzte sich auch in Europa seit 1924 durch. Es war von der Hoffnung begleitet, das Schlimmste überwunden zu haben. Die Zukunft erschien nun wieder in einem positiveren Licht, nicht zuletzt die französisch-deutsche Annäherung im **Vertrag von Locarno** 1925 (siehe S. 66) und die Aufnahme Deutschlands in den Völkerbund ein Jahr darauf signalisierten eine Normalisierung der internationalen Beziehungen.

Umso mehr erschütterte die 1929/30 von den USA ausgehende Weltwirtschaftskrise die Menschen. Nach einem noch nie da gewesenen Crash an der Leitbörse der Welt, der New Yorker Wall Street, am 25. Oktober 1929 (dem sogenannten **„Black Friday"**) begann ein fataler Kreislauf, in dem sich Konkurse, wachsende Arbeitslosigkeit und deflationäre Entwicklungen wechselseitig verstärkten.

Das nun plötzlich in den USA und in den von ihr abhängigen Industrienationen auftretende **Massenelend** führte zu einer allgemeinen wirtschaftlichen Depression, die sich in den ungefestigten Demokratien fatal auswirkte, da die allgemeine Unzufriedenheit ein idealer Nährboden für rechtsradikale und antirepublikanische Strömungen und Parteien war.

In Deutschland wurde im Gefolge der **Weltwirtschaftskrise** die „Krise der Demokratien" besonders offenkundig, da mit der **Ernennung Hitlers zum Reichskanzler** die Weimarer Republik beseitigt wurde. Mit der Durchsetzung der NS-Herrschaft in Deutschland und der von den Alliierten hingenommenen schrittweisen Revision des Versailler Vertrags durch Hitler war der Weg in den Zweiten Weltkrieg vorbereitet und die Chance einer friedlichen Konfliktbewältigung auf lange Zeit vertan.

Sonderentwicklungen in den USA und der UdSSR

Nach den Boomjahren der „Golden Twenties" und der schweren Zeit der **„Great Depression"** (1929–1933) gelang es den USA seit 1933 unter Franklin D. Roosevelt, die Weltwirtschaftskrise durch das gänzlich neue wirtschaftlich-soziale Reformprogramm des **„New Deal"** nachhaltig zu überwinden.

Mithilfe einer antizyklischen Politik und einer gezielten Neuverschuldung des Staates, die vor allem Infrastrukturprogrammen zugute kam, gelang es der Roosevelt-Regierung, die Arbeitslosigkeit deutlich zu reduzieren. Zu ihrem Programm zählten u. a. eine konsequente **Bankenregulierung**, eine für die USA ungewohnte **Sozial- und Wohnungsbaupolitik** sowie ein Maßnahmenpaket für Hilfen zugunsten der Landwirtschaft.

Vollkommen unberührt von der Weltwirtschaftskrise war nur die UdSSR geblieben. Seit der „Oktoberrevolution" 1917 und dem Sieg der Bolschewiki (siehe S. 57) war die Geschichte Russlands weitgehend in eigenen Bahnen verlaufen. In dem ungemein blutigen Russischen Bürgerkrieg (seit 1918) hatte sich die von Leo Trotzki organisierte Rote Armee schließlich 1920 durchgesetzt.

So konnte 1922 aus der Russischen, der Ukrainischen, der Weißrussischen und der Transkaukasischen Sowjetrepublik die **„Union der sozialistischen Sowjet-Republiken"** (= UdSSR) gebildet werden. Damit war der Grundstein für ein riesiges Territorialreich gelegt, das sich als Heimat aller Arbeiter und Werktätigen verstand. Von der Sowjetunion aus sollte, so hoffte man dort, die „Weltrevolution" beginnen, die nach der Überzeugung des Marxismus-Leninismus in der ganzen Welt zum Umsturz der bestehenden Ordnung und zur Errichtung sozialistischer Gesellschaften führen würde.

Nach Lenins Tod gelang es allerdings **Josef Stalin** seit 1927, sich in der UdSSR als Alleinherrscher durchzusetzen. Er baute die **totalitäre Einparteiendiktatur** der KPdSU aus. Zugleich forcierte er mit aller Macht die **Industrialisierung** (Primat der Rüstungs- und Schwerindustrie) und betrieb eine rigorose **Kollektivierung**. Die Gewaltherrschaft des Stalinismus führte zum Aufbau eines die ganze Sowjetunion überziehenden Systems von Arbeits- und Konzentrationslagern („Archipel Gulag"). Eine allgegenwärtige **Geheimpolizei** unterdrückte jede Opposition und ließ Millionen Menschen als „Feinde des Sozialismus" in den Lagern verschwinden.

Die Weimarer Republik

Die Weimarer Republik, die nach dem Zusammenbruch des Deutschen Reiches 1918/19 aus der Novemberrevolution und den nachfolgenden Wirren hervorging, war das **erste liberaldemokratische Staatswesen auf deutschem Boden**. Der im Sommer 1919 von der Nationalversammlung begründete Verfassungsstaat, der sich an westlichen Vorbildern orientierte, bedeutete die Realisierung zahlreicher Träume der Revolutionäre von 1848/49. Andererseits waren aber viele Revolutionäre auch über den Kompromisscharakter der neuen Staatsordnung enttäuscht.

So enthielt die **Weimarer Reichsverfassung** (WRV) neben der parlamentarischen Komponente und plebiszitären Elementen auch eine sehr **starke Position des Präsidenten**, der diktatorische Vollmachten für nicht näher definierte Notzeiten hatte. Dagegen war das Parlament geschwächt, und das reine Verhältniswahlrecht begünstigte die Tendenz zu Splitterparteien und erschwerte dadurch die Bildung stabiler Regierungskoalitionen sehr. Diese Schwachstellen wurden jedoch erst in der Spätphase der Weimarer Republik deutlich. In ihrer Zeit galt die Weimarer Verfassung durchaus als fortschrittlich und wegweisend.

Dass die Republik trotzdem bei den meisten Deutschen von Anfang an eher auf verhaltene Skepsis als auf jubelnde Zustimmung stieß, lag vor allem an den unheilvollen Umständen ihrer Entstehungsgeschichte. Denn der Beginn der Republik, die nach der thüringischen Stadt Weimar als dem ersten Tagungsort der Verfassung gebenden Nationalversammlung benannt wurde, fiel zusammen mit der Kapitulation Deutschlands und der Beseitigung der althergebrachten gewohnten politisch-gesellschaftlichen Ordnung. An die Stelle der Monarchie, die vermeintlich Ruhe und Ordnung garantiert hatte, war eine gefährliche Gegenwart und eine ungewisse Zukunft getreten.

WEIMARER REPUBLIK

Motivieren Sie sich für eine intensive Beschäftigung mit dieser Schlüsselepoche der deutschen Geschichte, indem Sie sich fragen:

- Wie kam es zum Niedergang dieses ersten demokratischen Staatswesens in Deutschland?
- Wodurch wurde es möglich, dass ausgerechnet Hitler und seine Nationalsozialisten danach die Macht übernehmen konnten?
- Gibt es Parallelen zur heutigen Zeit?

Wie sahen die Grundzüge der Weimarer Verfassung aus?

- **dominierende Stellung** des auf sieben Jahre direkt vom Volk gewählten Reichspräsidenten, der als Staatsoberhaupt ("gewählter Ersatzkaiser") den Reichskanzler ernannte und ihn auch entlassen konnte
- Reichskanzler und Reichsregierung vom Wohlwollen des Reichspräsidenten und vom Vertrauen des Reichstags (Möglichkeit des destruktiven Misstrauensvotums) abhängig
- allgemeines, gleiches und geheimes Wahlrecht, erstmals auch für die Frauen
- Sitzverteilung im Reichstag nach dem **Verhältniswahlrecht**, was die Gefahr der **Parteienzersplitterung** in sich barg
- Recht des Reichspräsidenten zur Auflösung des Reichstags (Art. 25)
- Möglichkeit des **"Regierens ohne Parlament"** mithilfe von Notverordnungen (Art. 48), was dem Reichspräsidenten in Krisenzeiten beinahe diktatorische Vollmachten gab
- Möglichkeit von **Volksbegehren** und **Volksentscheiden**
- **Stärkung der Zentralgewalt** gegenüber den Ländern, unter denen Preußen (mehr als 60 % der Bevölkerung) übermächtig war
- **Verankerung sozialer Rechte und der Grundrechte**, die aber am Ende der Verfassung standen und nicht einklagbar waren

Kopf des Plakats einer völkischen Gruppe um 1920, das zu einer Kundgebung in München aufruft

Die Krisenjahre der Republik

Da nach dem Abtritt der Vertreter der alten Ordnung demokratische Politiker die Regierungsgeschäfte übernahmen, waren sie es, die, wie von General Ludendorff geplant, „die Suppe auslöffeln" mussten, die ihnen von den Militärs eingebrockt worden war. Doch nicht genug damit, wurden die Regierenden fortan von der nationalkonservativen Rechten auch noch für die Niederlage im Krieg und für die harten Bedingungen des Versailler Vertrags verantwortlich gemacht. Ausgerechnet die Generäle Hindenburg und Ludendorff, die für die Kriegführung ab 1916 verantwortlich waren, verbreiteten die sogenannte **„Dolchstoßlegende"**. Sie besagte, Liberale, Sozialdemokraten, Gewerkschaftler und Pazifisten seien dem unbesiegten Frontheer in den Rücken gefallen und hätten es quasi von hinten erdolcht.

Die Diffamierung demokratischer Politiker wurde nach der Unterzeichnung des Versailler Vertrags am 28. Juni 1919 verschärft. Obwohl selbst die Reichswehr Widerstand gegen das „Versailler Diktat" für aussichtslos erklärt hatte und der „Schandvertrag" quer durch alle Parteien abgelehnt wurde, gelang es der Rechten später, die Sozialdemokraten und die bürgerlichen Parteien für die Annahme des Vertrags verantwortlich zu machen. Neben den **Gebietsabtretungen** und den hohen **Reparationszahlungen**, die dem Reich auferlegt wurden, spielte die **Kriegsschuldfrage** bei den Diskussionen um den Versailler Vertrag eine besondere Rolle. Das Reich musste nämlich mit seinen Verbündeten die Alleinschuld für den Ausbruch des Ersten Weltkrieges anerkennen. Diese moralische Verurteilung traf das deutsche Selbstwertgefühl besonders hart: Sie führte zu einer gefährlichen Mischung aus Empörung, verletztem Ehrgefühl, Frustration und Rachegedanken.

Wichtige Bestimmungen aus dem Versailler Vertrag

- erhebliche **Gebietsabtretungen** (vor allem Elsaß-Lothringen, Westpreußen, Posen, Danzig und Oberschlesien)
- **Entmilitarisierung** der linksrheinischen Gebiete und einer Zone 50 Kilometer östlich des Rheins
- weitgehende **Abrüstung** von Flotte und Armee, Beschränkung des Heeres auf 100.000 Soldaten
- Entrichtung von noch nicht genau festgelegten **Reparationszahlungen**
- Anerkennung der deutschen **Alleinschuld** für den Kriegsausbruch (Art. 231)

Die Chancen für eine friedliche Neuordnung, die der Versailler Vertrag durchaus auch bot, wurden in Deutschland kaum wahrgenommen. Dies alles wirkte sich für die Entwicklung der Weimarer Republik fatal aus, da die Hypothek des Vertrags fortan der Demokratie angelastet wurde.

Auch sonst waren die ersten Nachkriegsjahre schwierig und belastend. So hatte die **Finanzierung der Rüstungsausgaben** durch Kriegsanleihen eine erst schleichende, dann galoppierende **Inflation** zur Folge. Die finanziellen Nöte des Reiches wurden durch die hohen Reparationen, die Deutschland durch den Versailler Vertrag auferlegt worden waren, noch gesteigert. Neben den zerrütteten Staatsfinanzen gab es immense Probleme im Wirtschaftsleben, das von Kriegsproduktion auf Friedenswirtschaft umgestellt werden musste. Weiter erschütterten **bürgerkriegsähnliche Zustände** die junge Republik, deren Existenz bis 1923 sehr gefährdet blieb. Immer wieder gab es in den ersten fünf Jahren Umsturzversuche von rechts und von links, die aber alle scheiterten. Separatisten im Rheinland und in Bayern, kommunistische Revolutionäre im Ruhrgebiet und in Sachsen sowie diverse rechtsradikale Gruppierungen gefährdeten die öffentliche Ordnung erheblich. Eine besondere Bedeutung hatte der **Kapp-Lüttwitz-Putsch** rechtsnationaler Kreise vom März 1920, der aber am entschiedenen Widerstand von Arbeiterschaft und Staatsführung scheiterte. Das Ende der Weimarer Krisenjahre markierte der **rechtsradikale Hitler-Ludendorff-Putsch** im November 1923, der – als **„Marsch auf Berlin"** deklariert – bereits in München gestoppt wurde.

Das Jahr 1923 war auch wirtschaftlich und finanziell der Höhe- und Wendepunkt der Krisenjahre. Nach der **Besetzung des Ruhrgebiets** (offiziell begründet durch Verzögerungen bei Reparationslieferungen) durch französische und belgische Truppen verschärfte sich die Geldentwertung zur **Hyperinflation**, die unvorstellbare Größenordnungen erreichte. Am 15.11.1923 konnte die Inflation durch die Ausgabe einer **neuen Währung**, die „Rentenmark", von einem Tage zum anderen beendet und nachhaltig überwunden werden.

Auch wenn dank dieser **Währungsreform** die Preise nunmehr stabil blieben, hatte die vorangegangene Inflation fatale Folgen. Dies galt insbesondere für die Sparer aus dem Kleinbürgertum und dem Mittelstand, die ihre Sparguthaben restlos verloren hatten. Ihre verständliche Verbitterung richtete sich aber in der Regel nicht gegen die eigentlichen Verursacher, also gegen das Kaiserreich und die Militärs des Ersten Weltkriegs, sondern gegen die Repräsentanten der Weimarer Republik. Die Frustration der quasi enteigneten Sparer kam so vor allem den radikalen republikfeindlichen Parteien zugute.

Die Jahre der relativen Stabilisierung

Angesichts so vieler und vielfältiger Belastungen erscheint es im Nachhinein beinahe wie ein Wunder, dass das neue demokratische Staatswesen diese ersten Jahre überhaupt überstanden hatte. Nach den Krisenjahren (1918 bis 1923) setzte sogar eine **Phase relativer Stabilisierung** ein, in der innere Ruhe, wirtschaftlicher Aufschwung und internationale Anerkennung die Weimarer Republik nach innen und außen festigten.

In der Zeit von 1924 bis 1929 gelang dem damaligen Außenminister **Gustav Stresemann** eine Annäherung an Frankreich. Im **Vertrag von Locarno** erkannte Deutschland die **Unverletzlichkeit der Westgrenze** an. Diese friedliche Regelung trug wesentlich zur **Entspannung mit Frankreich und Belgien** bei.

Stresemanns Verständigungsbemühungen wurden 1926 mit der **Aufnahme Deutschlands in den Völkerbund** belohnt. Damit durfte sich Deutschland in der internationalen Politik wieder als gleichberechtigter Partner ansehen. Zu der allgemeinen Erholung trug auch die Neuregelung der Reparationszahlungen bei, die 1924 im **Dawes-Plan** und 1929 im **Young-Plan** deutlich reduziert wurden.

Was war wichtig in den Jahren 1924 bis 1929?

- **26.4.1925**: Wahl des früheren Generalfeldmarschalls Paul von Hindenburg zum Reichspräsidenten.
- **16.10.1925**: **Vertrag von Locarno**
- **24.4.1926**: Berliner Vertrag mit der UdSSR. Stresemann signalisiert damit, dass er bestrebt ist, eine Politik des Gleichgewichts zwischen Ost und West zu führen.
- **8.9.1926**: einstimmige **Aufnahme Deutschlands in den Völkerbund,** wo es einen ständigen Ratssitz erhält
- **20. Mai 1928**: deutliche Gewinne der SPD bei den Reichstagswahlen, dagegen erhebliche Stimmeneinbußen der DNVP
- **27.8.1928**: Ächtung des Krieges im Briand-Kellogg-Pakt durch 15 Staaten, darunter Deutschland, die USA, Großbritannien und Frankreich
- **25.10.1929**: Börsencrash des „Schwarzen Freitags" in New York

In den Jahren um 1928 konnte man den Eindruck gewinnen, als ob die Weimarer Republik nach schwersten Geburtswehen und langwierigen Kinderkrankheiten allmählich erwachsen würde, und es schien, als ob sich aus Deutschland nun ein ganz „normaler" demokratischer Staat entwickelte. Doch innerhalb von weniger als fünf Jahren wurde die Republik zu Grabe getragen, und an ihre Stelle trat die nationalsozialistische Diktatur des Dritten Reiches, die für Europa und die ganze Welt noch schlimmere Folgen heraufbeschwören sollte als das Kaiserreich. – Wie konnte es dazu kommen? Dies ist *die* Schlüsselfrage der deutschen Geschichte des 20. Jahrhunderts: Wie war der Kulturbruch des „Dritten Reiches" möglich?

Politische Strömungen und Parteien seit dem 19. Jahrhundert

* **Konservativismus**: (von lat. = bewahren): Auffassung, die die Erhaltung des bestehenden politischen Zustands anstrebt und aus dem Bedürfnis nach Stabilität und Kontinuität Veränderungen und sozialen Wandel ablehnt. Traditionen und überkommene Normen haben eine große Bedeutung.
* **Liberalismus**: (von lat. = frei): Politische Weltanschauung, die die Sicherung der Freiheit des Einzelnen und seine möglichst wenig eingeschränkte Entfaltung als vorrangig ansieht. Der Liberalismus fordert eine rechtsstaatliche Ordnung mit Menschenrechten und Gewaltenteilung sowie eine freie Marktwirtschaft.
* **Nationalismus**: (von lat. = Volk, Herkunft): Ideologie, die die Herkunftsgemeinschaft aller Menschen eines Volkes betont und für alle diese Menschen einen gemeinsamen Nationalstaat anstrebt
* **Sozialismus**: (von lat. = gemeinsam, gesellschaftlich, verbunden): Bezeichnung für die Ideen und Bewegungen, die das Allgemeinwohl und die sozial Schwachen stärken oder absolut setzen wollen
* **Katholizismus**: Politische Richtung auf der Basis des Glaubens der römisch-katholischen Kirche und ihrer Wertvorstellungen

Partei	Weltanschauliche Position
NSDAP	Nationalismus und Antisemitismus (anfangs auch mit einem sozialistischen Flügel um Otto und Gregor Strasser)
DNVP	Nationalismus und Konservativismus
DVP	Nationalismus und Liberalismus
Zentrum	Katholizismus, Liberalismus und christliche Soziallehre
DDP	Liberalismus
SPD	Sozialismus und Liberalismus
KPD	Sozialismus

Die Auflösung der Weimarer Republik

Der **Zusammenbruch der New Yorker Börse Ende Oktober 1929** führte zu enormen Kursverlusten und ab 1930 zur **Weltwirtschaftskrise**. Hiervon war das Deutsche Reich besonders hart betroffen, da die USA ihre kurzfristigen Kredite zurückforderten. Die Weltwirtschaftskrise hatte für Deutschland verheerende Folgen, zumal die **Deflationspolitik** der Regierung Brüning krisenverschärfend wirkte. So stieg die Arbeitslosigkeit 1932 auf etwa sechs Millionen Menschen (rund 25 % der Beschäftigten). Die **Massenarbeitslosigkeit** verschärfte die Krise des politischen Systems. Die radikalen Parteien hatten starken Zulauf, und das „Regieren ohne Parlament" (Präsidialkabinette) wurde üblich, da die Reichskanzler keine Mehrheit mehr im Reichstag hatten.

Nachdem am 27.3.1930 die große Koalition aufgrund von Auseinandersetzungen zwischen SPD und DVP zerbrochen war, wurde Heinrich Brüning (Zentrum) zum Reichskanzler eines Präsidialkabinetts ernannt. Brüning regierte vor allem mithilfe von **Notverordnungen**, die vom Reichspräsidenten nach Artikel 48 der Verfassung unterzeichnet wurden. Damit setzte ein **schleichender Verfassungswandel** ein, denn die legislative Gewalt des Reichstags wurde immer stärker auf die Reichsregierung verlagert. Diese selbst wurde allerdings aufgrund fehlender Mehrheiten im Reichstag zunehmend vom Wohlwollen des Reichspräsidenten abhängig, weil ohne seine Zustimmung keine Notverordnungen erlassen werden konnten.

Seit dem Oktober 1930 leitete die Regierung Brüning eine entschiedene Deflationspolitik mit Steuererhöhungen sowie Ausgaben- und Lohnkürzungen ein. Auf diese Art sollte die Streichung der Reparationen und eine Aktivierung der Handelsbilanz erreicht werden. Im Sommer 1931 belastete eine internationale Finanzkrise das deutsche Bankensystem schwer und verschlimmerte die allgemeine Lage weiter.

So stieg die **Arbeitslosigkeit** 1932 auf über sechs Millionen, wodurch Brünings Politik noch unpopulärer wurde. Am 30. Mai 1932 wurde er durch Reichspräsident Hindenburg entlassen. Brünings Nachfolger Franz von Papen blieb nur wenige Monate im Amt und scheiterte, als nur noch eine verschwindende Minderheit der Reichstagsabgeordneten hinter ihm stand. Danach wurde am 2. Dezember 1932 General von Schleicher Reichskanzler. Auch er blieb ohne Erfolg, obwohl es erste Anzeichen einer wirtschaftlichen Erholung gab. Mit Schleichers Entlassung am 28. Januar 1933 war der Weg frei für die **Ernennung Hitlers zum Reichskanzler,** zu dem es nun keine Alternative mehr zu geben schien.

Wie verlief der Aufstieg der NSDAP seit 1930?

- **14.9.1930**: Bei den Reichstagswahlen Zugewinn der NSDAP, deren Stimmenanteil sich auf über 18 % versiebenfacht
- **11. Oktober 1931**: Bildung der **„Harzburger Front"**, in der sich NSDAP, DNVP und Stahlhelm mit anderen rechtsgerichteten Gruppierungen zu einem Bündnis zusammenschließen.
- **10.4.1932**: Hitler unterliegt in der Reichspräsidentenwahl gegen Hindenburg, der in seinem Amt bestätigt wird.
- **31.7.1932**: Die NSDAP gewinnt bei den Reichstagswahlen 37 % der Stimmen und wird stärkste Fraktion.
- **6.11.1932**: In den erneuten Reichstagswahlen erleidet die NSDAP einen merkbaren Rückschlag (33 %).
- **Dezember 1932**: Schwere innere Krise der NSDAP, als Reichskanzler Schleicher versucht, die Partei zu spalten. Hitler gelingt es jedoch, seine innerparteilichen Gegner zu isolieren.
- **Neujahr 1933**: Für viele Beobachter erscheint die NSDAP ihren Zenit überschritten zu haben, zumal die Parteikasse leer ist.
- **4. Januar 1933**: Geheimtreffen Papens mit Hitler in Köln, bei dem Hitler die Kanzlerschaft angetragen wird.
- **30.1.1933**: Nach langem Zögern ernennt Hindenburg Hitler widerstrebend zum Reichskanzler, was von den Nationalsozialisten als **„Machtergreifung"** gefeiert wird.

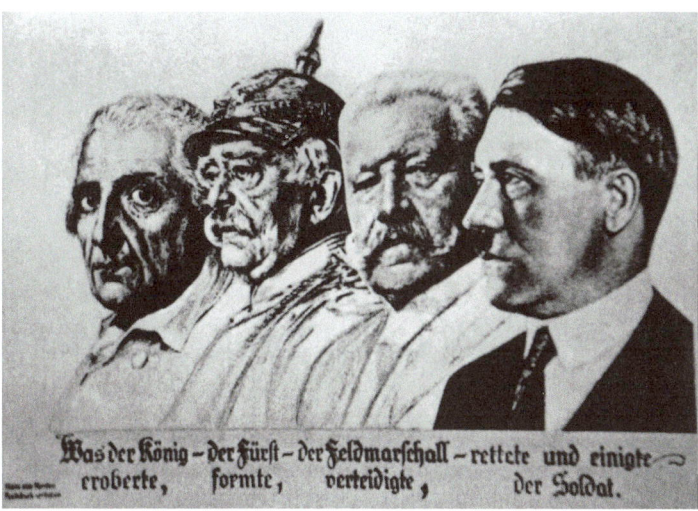

Propaganda, die Hitler in eine Reihe mit „großen Deutschen" stellt

Woran scheiterte die Weimarer Republik?

- Folgen der **Weltwirtschaftskrise**: sinkende Produktion, Firmenzusammenbrüche und Bankenpleiten
- hohe **Arbeitslosigkeit**, gegen die sich die Politik als wehrlos erweist
- wachsende Not und allgemeines Elend großer Teile der Bevölkerung (Wohn- und Lebensverhältnisse)
- unpopuläre und innenpolitisch erfolglose **Deflationspolitik** der Regierung Brüning
- **autoritäre Regierungspraxis** der Präsidialkabinette, die den Reichstag zunehmend übergingen („Regieren ohne Parlament")
- zusätzlich wachsende **Handlungsunfähigkeit** des Reichstags, der 1932 durch die „negative Mehrheit" von NSDAP und KPD beschlussunfähig wird
- Radikalisierung des öffentlichen Lebens mit Straßen- und Saalschlachten
- schwindendes Vertrauen in die Kompetenz der demokratischen Parteien und ihrer Politiker
- weit verbreitete Sehnsucht nach einem „starken Mann", antidemokratische Mentalitäten und obrigkeitsstaatliches Denken („Republik ohne Republikaner")
- Republikfeindlichkeit weiter Kreise der kaisertreuen Bevölkerung, von Militär und Beamtenschaft
- geschickte **Propaganda** Hitlers und der Nationalsozialisten

Wahlplakate der KPD und der NSDAP in der Schlussphase der Weimarer Republik

ZENTRALE BEGRIFFE ZUR WEIMARER REPUBLIK

* **Deflation**: Rückgang der Preise bei steigendem Geldwert, also das Gegenteil der Inflation. Deflation gab es in der Weimarer Republik unter Brüning 1930 bis 1932.

* **Dolchstoßlegende**: Nach 1918 vertraten nationalistische und militärische Kreise die faktisch falsche These, dass die „im Felde unbesiegte Truppe" den Ersten Weltkrieg nur deshalb verloren habe, weil linke Gruppierungen gegen sie agitiert hätten und die Soldaten metaphorisch gesprochen hinterrücks erdolcht hätten. Diese These diente den Konservativen zur Kaschierung von Fehlern des Militärs und als Kampfparole gegen das „Weimarer System" und dessen Anhänger.

* **Inflation** (lat. = Aufblähung): Geldentwertung bzw. Preissteigerung. Dem Tempo entsprechend, in dem das Geld an Kaufkraft verliert, spricht man entweder von schleichender, trabender oder galoppierender Inflation; bei einer Steigerung der Preise von Tag zu Tag wie in Deutschland 1923 spricht man von „Hyperinflation".

* **Notverordnung**: Aus der Weimarer Republik stammende Bezeichnung für das Recht des Reichspräsidenten, in Not- und Krisenzeiten die Grundrechte teilweise oder ganz außer Kraft zu setzen. Von dieser Möglichkeit, die die Weimarer Reichsverfassung nach Artikel 48 einräumte, machte vor allem Hindenburg als Reichspräsident 1930–1933 wiederholt Gebrauch, sodass der von ihm berufene Reichskanzler H. Brüning ohne parlamentarische Zustimmung regieren konnte.

* **Räterepublik** (auch: Rätedemokratie, Rätesystem): Herrschaftsform einer politisch und meist auch wirtschaftlich direkten Demokratie, in der bei Ausschaltung der Gewaltenteilung Legislative, Exekutive und Judikative in der Hand gewählter Vertreter der Arbeiter, Bauern, Soldaten usw. liegen. Die Idee der Räterepublik steht im Gegensatz zum liberalen Parlamentarismus westlicher Prägung und zur kapitalistischen Wirtschaftsordnung. Beispiele: in Russland 1905 und 1917 die „Sowjets" (russ. = Räte) sowie 1918/19 in Deutschland die „Arbeiter- und Soldatenräte".

* **Völkerbund**: 1920 auf Initiative des US-Präsidenten W. Wilson gegründete übernationale Organisation zur Sicherung des Weltfriedens und zur Schlichtung von zwischenstaatlichen Streitfällen. Der Völkerbund, der seinen Sitz in Genf hatte, scheiterte in den 1930er-Jahren, als er die aggressive Politik des Dritten Reiches, die den Zweiten Weltkrieg verursachte, nicht verhindern konnte.

Das „Dritte Reich"

Mit der Ernennung Hitlers zum Reichskanzler am 30. Januar 1933 begann für Deutschland die dunkelste Zeit seiner gesamten Geschichte. Dies ahnten allerdings damals zunächst nur wenige Menschen. Viele Oppositionelle hofften zu Beginn noch, dass Hitlers Herrschaft schon bald wie ein böser Spuk vorbeigehen werde. Ein großer Teil der Bevölkerung verband mit den neuen Machthabern aber auch die Hoffnung auf eine bessere Zukunft. Die Nationalsozialisten griffen diese Sehnsüchte gezielt auf und inszenierten noch am Tag der von ihnen so apostrophierten **„Machtergreifung"** nächtliche Fackelzüge und Aufmärsche, um das rasch gebildete „Kabinett der nationalen Erhebung" gebührend zu feiern. Noch am gleichen Tag zeigte die neue Regierung auch ihr wahres Gesicht, denn allerorten wurden **Parteigegner und Gewerkschaftler inhaftiert** und in „Schutzhaft" genommen.

Damit begann die Politik der **„Gleichschaltung"**, in der binnen weniger Monate alle anderen Parteien und Verbände ausgeschaltet und die staatlichen Institutionen in den neuen Herrschaftsapparat eingespannt wurden. So entstand bereits bis zum Sommer 1933 ein **totalitärer Einparteienstaat**, der nach dem Motto „Ein Volk, ein Reich, ein Führer" ganz auf die Person Hitlers zugeschnitten wurde.

Auf welchen Gedanken basierte die NS-Ideologie?

- **aggressiver Nationalismus** (alle Deutschen „heim ins Reich")
- **Rassismus**: Kult der „arisch-nordischen" Rasse
- sozialdarwinistischer Glaube an einen Kampf ums Dasein der verschiedenen Rassen
- **Antisemitismus**, der auf die Vernichtung des Judentums gerichtet war
- **Expansionismus**: Krieg als Mittel und als Ziel der eigenen Politik, die auf Ausdehnung und Weltherrschaft ausgerichtet war
- „Lebensraum im Osten" als Hauptziel der Außenpolitik
- **Antiindividualismus** und **Führerkult** mit bedingungsloser Unterwerfung des Einzelnen
- Antiparlamentarismus und Antiliberalismus
- Aufbau einer „Volksgemeinschaft" mit sozialistischen Versatzstücken – allerdings nur für die „Volksgenossen"

Auf welchen Gedanken basierte die NS-Ideologie?

- **30.1.1933**: Hitler wird zum Reichskanzler ernannt und bildet mit der DNVP das „Kabinett der nationalen Erhebung".
- **1.2.1933**: Auflösung des Reichstags durch Hitler
- **27.2.1933**: Der **Reichstagsbrand** dient als Vorwand zur Verfolgung der KPD.
- **28.2.1933**: Mit der „Notverordnung zum Schutz von Volk und Staat", die wichtige Grundrechte außer Kraft setzt, wird der permanente Ausnahmezustand erklärt.
- **5.3.1933**: Bei den Reichstagswahlen erlangt die NSDAP mit 44 % der Stimmen keine absolute Mehrheit. Sie ist deshalb weiterhin auf eine Koalition mit der DNVP angewiesen.
- **21.3.1933**: Mit dem **„Tag von Potsdam"** wird in einem feierlichen Staatsakt die Verbindung Preußens mit dem Nationalsozialismus inszeniert.
- **23.3.1933**: Im **„Ermächtigungsgesetz"** stimmt der Reichstag der eigenen Entmachtung mit Zweidrittelmehrheit zu. Damit ist die Gewaltenteilung aufgehoben.
- **31.3.–7.4.1933**: Gleichschaltung der Länder
- **2.5.1933**: Zerschlagung der Gewerkschaften
- **Juni/Juli 1933**: Selbstauflösung der bürgerlichen Parteien, Verbot der SPD am 22.6.1933
- **14.7.1933**: Gesetz gegen die Neubildung von Parteien. Die NSDAP ist jetzt die einzige Partei.
- **1.12.1933**: „Gesetz zur Sicherung der Einheit von Partei und Staat". Die NSDAP ist nun Staatspartei.

Mit dem Tod Hindenburgs am 2.8.1934 gingen auch die Befugnisse des Reichspräsidenten auf den „Führer und Reichskanzler Adolf Hitler" über. Hitlers Herrschaft war damit **uneingeschränkt**, sein Wille quasi Gesetz.

Fortan mussten alle Soldaten den **„Führereid"** leisten, mit dem sie gelobten, Hitler absoluten Gehorsam zu leisten. Damit wurde seit 1934 die gesamte Reichswehr, die 1935 in **Wehrmacht** umbenannt wurde, unmittelbar auf die Person Hitlers eingeschworen. Fortan sahen sich viele Militärs an die Person Hitler (teils wider eigene Einsichten) gebunden.

Durch die Zentrierung aller politischen Macht auf seine Person konnte Hitler seit 1934/35 daran gehen, seine außenpolitischen Ziele anzugehen (s. S. 76 f.).

Wirtschafts- und Innenpolitik im NS-Staat

Die ungemein rasche Durchsetzung der Macht und die seit 1933/34 erfolgte dauerhafte Stabilisierung ihrer Herrschaft gelang Hitler und den Nazis vor allem dank der parallel erfolgten Verbesserung der Wirtschaftslage. Bereits 1934 hatte sich die Arbeitslosigkeit halbiert, vier Jahre später herrschte nahezu Vollbeschäftigung.

Die **Überwindung der Arbeitslosigkeit** war Hitlers größter Erfolg. Dies trug ihm allseits große Bewunderung ein und wurde von der **NS-Propaganda** entsprechend genutzt, um den Führermythos auszubauen.

Diese Erfolge waren allerdings teuer erkauft. Denn die öffentlichen Beschäftigungsprogramme mussten durch Kredite teuer finanziert werden. So begann eine hemmungslose **Schuldenpolitik**, die die finanziellen Möglichkeiten des Deutschen Reiches zunehmend überforderte, zumal die Rüstungsausgaben immens stiegen. Da Hitler-Deutschland seit 1938 zunehmend auf einen Staatsbankrott zusteuerte, lief auch insofern alles unvermeidlich auf einen **Expansionskrieg** zu – mit der zu erwartenden Kriegsbeute sollten dann auch die Schulden bedient werden.

Flankiert wurde dies alles durch eine Vielzahl sozialpolitischer Maßnahmen, die den meisten „Volksgenossen" zugute kamen und die die Illusion verstärkten, dass sich die Lebensverhältnisse kontinuierlich verbesserten.

Dank der so erfolgten Stabilisierung konnte Hitler fortan daran gehen, eine **aggressive Außenpolitik** zu betreiben und seine **Rassenideologie** umzusetzen. So wurden im September 1935 angeblich **„zum Schutz des deutschen Blutes und der deutschen Ehre"** die antisemitischen **„Nürnberger Gesetze"** erlassen, mit denen die Entrechtung der deutschen Juden juristisch abgesichert wurde. Danach waren die Eheschließung und sexuelle Beziehungen zwischen Juden und Deutschen unter Strafe verboten.

1936 hielten sich die Nazis mit antisemitischen Übergriffen bewusst zurück, da sie die Olympischen Spiele (Winterspiele in Garmisch-Partenkirchen, Sommerolympiade in Berlin), die zu einem großen Propagandaerfolg des „Dritten Reiches" im In- und Ausland wurden, nicht gefährden wollten. Ihr wahres Gesicht zeigten sie dann aber am 9./10. November 1938 mit den **systematischen Ausschreitungen** der SA **gegen die Juden** und die Zerstörung ihrer Synagogen und Geschäfte, die beschönigend als **„Reichskristallnacht"** bezeichnet wurden.

ZENTRALE BEGRIFFE ZUM „DRITTEN REICH"

* **Antisemitismus**: Seit etwa 1880 verwendete Bezeichnung für die ideologisch motivierte und rassistisch verbrämte Bekämpfung des Judentums, die religiös, biologistisch oder auch sozioökonomisch begründet wird.

* **Appeasement-Politik:** (engl. = Beschwichtigung, Beruhigung, Befriedung): Bezeichnung für die britische Außenpolitik des Nachgebens und der Zugeständnisse gegenüber Hitler-Deutschland seit 1933, vor allem unter der Regierung Chamberlain 1937 bis Anfang 1939.

* **„Drittes Reich"**: Ursprüngliche Bezeichnung aus der christlichen Heilsgeschichte für das Reich des Heiligen Geistes; von Hitler und der NSDAP zeitweilig als Selbstbezeichnung für die eigene Diktatur benutzt; seither allgemein übliche Bezeichnung für die Zeit des NS-Staats in Deutschland zwischen 1933–1945

* **Ermächtigungsgesetz**: Verzicht des Parlaments auf seine gesetzgeberischen Rechte zu Gunsten der Exekutive. Das Ermächtigungsgesetz vom 23. März 1933, das sogenannte „Gesetz zur Behebung der Not von Volk und Staat", dem der Reichstag zugestimmt hatte, gab der Regierung Hitler unumschränkte Vollmacht.

* **Gleichschaltung**: 1933 aufgekommene Bezeichnung für die Aufhebung von Pluralismus und Menschenrechten in der Phase der Durchsetzung der NS-Herrschaft in Deutschland, als es Hitler gelang, innerhalb weniger Monate alle politischen Gegner auszuschalten.

* **Holocaust**: (von griech. = Brandopfer, völlig verbrannt; engl. = Massenvernichtung): Seit den 1970er-Jahren Bezeichnung für den Völkermord Hitler-Deutschlands an den Juden. Im Judentum wird dieser Genozid als **Shoah** bezeichnet.

* **Rassismus**: Ideologie, die behauptet, dass es über- und untergeordnete Rassen gibt. Aus der Rassenlehre wird eine angebliche Überlegenheit der eigenen Rasse abgeleitet, was als Legitimation für die Herrschaft über Menschen anderer Rassen benutzt wird.

* **Sozialdarwinismus**: Bezeichnung für Gesellschaftslehren, die Darwins Evolutionslehre auf das menschliche Zusammenleben übertragen. Begriffe wie „Kampf ums Dasein", „Überleben des Tüchtigsten" und „Recht des Stärkeren" spielen eine zentrale Rolle. Sie dienten dem Nationalsozialismus als Legitimation für Gewalt und Krieg.

* **Totalitarismus**: (von lat. = ganz): Bezeichnung für ein Herrschaftssystem, das sämtliche Bereiche des öffentlichen und möglichst auch des privaten Lebens kontrolliert, um den Einzelnen im Sinne der herrschenden Ideologie total zu erfassen und zu vereinnahmen.

Der Weg in den Krieg: Die Außenpolitik Hitlers

Außenpolitisch betrieb Hitler eine Politik der **Revision des Versailler Vertrags,** die von den Alliierten stillschweigend akzeptiert wurde. Nach der forcierten **Aufrüstung** und zahlenmäßigen Ausdehnung der Wehrmacht (Wiedereinführung der allgemeinen Wehrpflicht 1935) ging Hitler 1938 zur Politik der **Annexionen** über. Auch hier war er sehr erfolgreich, gelang ihm doch mit dem „Anschluss" Österreichs und der Angliederung des Sudetenlandes die Schaffung eines großdeutschen Reiches, das territorial das Bismarckreich weit übertraf.

So war Hitler-Deutschland zur dominierenden Großmacht auf dem Kontinent geworden. Der Machthunger des „Dritten Reiches" war damit allerdings keineswegs gestillt. Vielmehr ging Hitler 1939 von der Annexionspolitik zur **unverhüllten Aggression** über. Jetzt wollte er sein eigentliches Ziel, die Eroberung von **„Lebensraum im Osten"**, realisieren. Er hoffte dabei auf ein Bündnis mit Großbritannien oder zumindest dessen Neutralität, das ihn bis dahin im Rahmen der unter Premierminister Chamberlain betriebenen Beschwichtigungspolitik (**„Appeasement"**) hatte gewähren lassen.

Mit der Besetzung Prags und Tschechiens hatte Hitler sein Versprechen, die 1938 in München vereinbarten Grenzen zu respektieren, rücksichtslos gebrochen hatte. Damit war die Appeasement-Politik Großbritanniens und Frankreichs gescheitert. Die Folge war ein entschiedener Kurswechsel der britischen Außenpolitik, die nun die drohende **Kriegsgefahr** erkannte und deshalb Polen für den Fall eines deutschen Angriffs Unterstützung zusagte.

Da Hitler nun nicht mehr auf England als Bündnispartner hoffen konnte, wandte er sich im Sommer 1939 seinem bolschewistischen Erzfeind Stalin zu. Als es mit diesem am 23. August 1939 zum **Hitler-Stalin-Pakt** kam, war das Schicksal Polens besiegelt und der Weg in den von Hitler gewollten Krieg nicht mehr aufzuhalten. In einem geheimen Zusatzprotokoll wurde die Aufteilung Ostmitteleuropas in eine deutsche und in eine sowjetische Interessensphäre festgelegt. Deutschland sollte West- und Zentralpolen erhalten, die UdSSR die baltischen Staaten sowie Ostpolen.

Nur eine Woche nach Abschluss des Pakts mit Stalin überfallen deutsche Truppen am 1. September 1939 Polen. Als zwei Tage später Großbritannien und Frankreich Deutschland den Krieg erklären, ist Hitler sprachlos und unvorbereitet, denn er hatte damit gerechnet, dass die Alliierten ihn weiter gewähren lassen würden.

Was war außenpolitisch wichtig bis 1939?

- **3.2.1933**: Hitler kündigt in einem Geheimtreffen mit Generälen der Reichswehr den Kampf gegen den Versailler Vertrag und die Aufrüstung der Reichswehr an.
- **20.7.1933**: Prestigeerfolg Hitlers durch den Abschluss eines **Konkordats** mit dem Vatikan
- **14.10.1933**: Austritt Deutschlands aus dem Völkerbund
- **26.1.1934**: Nichtangriffspakt mit Polen
- **Januar 1935**: Das Saarland wird nach einer Volksabstimmung in das Deutsche Reich eingegliedert.
- **16.3.1935**: Wiedereinführung der allgemeinen Wehrpflicht, Aufbau der Wehrmacht
- **18.6.1935**: Flottenabkommen Deutschlands mit Großbritannien
- **7.3.1936**: Kündigung des Locarno-Vertrags durch das Deutsche Reich und den Versailler Vertrag verletzende Besetzung des entmilitarisierten Rheinlands
- **25.10.1936**: Deutsch-italienischer Vertrag zwischen Hitler und Mussolini (**„Achse Berlin-Rom"**) mit anschließendem gemeinsamem Vorgehen im Spanischen Bürgerkrieg
- **5.11.1937**: Hitler enthüllt vor hohen Generälen seine **Kriegspläne** („Hoßbach-Protokoll")
- **25. 11.1937**: Antikominternpakt zwischen Deutschland und Japan.
- **13.3.1938**: „Anschluss" Österreichs an das Deutsche Reich
- **29.9.1938**: Im **Münchner Abkommen** stimmen Italien, Großbritannien und Frankreich der Abtretung des Sudetenlandes an das Deutsche Reich zu.
- **15.3.1939**: Einmarsch deutscher Truppen in die Tschechoslowakei und Besetzung Prags
- **16.3.1939**: Errichtung des „Reichsprotektorats Böhmen und Mähren".
- **31.3.1939**: Englisch-französische Garantieerklärung für Polen
- **23.8.1939**: Deutsch-sowjetischer Nichtangriffspakt (**Hitler-Stalin-Pakt**).
- **25.8.1939**: Britisch-polnischer Bündnisvertrag
- **1.9.1939**: Überfall auf Polen und damit Beginn des Zweiten Weltkriegs

Furcht und Terror im „Dritten Reich"

Vom ersten Tag seit ihrer Machtausübung am 30. Januar 1933 an haben die Nazis Menschen anderer Überzeugung verfolgt, eingesperrt und ermordet. Dieser **systematische Terror** mit einer gezielten Einschüchterung missliebiger Personen war Teil der NS-Ideologie, die die totale Einordnung aller „Volksgenossen" einforderte. Demzufolge gehörte die Ausschaltung Andersdenkender von Anfang an zum Programm des Nationalsozialismus.

Darüber hinaus beinhalteten der **Rassismus** und der **Antisemitismus** die aberwitzige Forderung nach Vernichtung und Auslöschung von Menschen, die einer angeblich minderwertigen Rasse angehörten. Dies galt insbesondere für jüdische Menschen, die pauschal als „Schmarotzer" und „Volksverderber" gebrandmarkt wurden und die deshalb dem schrankenlosen Terror und Vernichtungswillen der Nazis und ihrer Schergen in besonderer Weise ausgeliefert waren.

Mit Beginn des Zweiten Weltkriegs gingen Hitler und die Nationalsozialisten daran, die lange von ihnen geplante **Vernichtungspolitik** in die Tat umzusetzen. Durch die bis 1942 errungene Vorherrschaft über fast ganz Kontinentaleuropa waren dieser Politik der gezielten Auslöschung der jüdischen Bevölkerung und anderer missliebiger Gruppen kaum noch Grenzen gesetzt, da nun die Befehlshaber des Dritten Reiches in den eroberten Gebieten völlig unkontrolliert und willkürlich operieren konnten.

Damit begann das düsterste Kapitel der deutschen Geschichte, das zur Ermordung Millionen Unschuldiger in den Konzentrations- und Vernichtungslagern führte. In erster Linie betrieben die Nazis im Sinne ihres gnadenlosen Antisemitismus einen systematischen **Völkermord** an den Juden, die in ganz Europa aufgegriffen, deportiert und umgebracht wurden. Dieser in der Geschichte beispiellose Holocaust wurde vorwiegend von der SS in den Ostgebieten durchgeführt. Das dabei praktizierte Vernichtungsprogramm umfasste neben der sofortigen Ermordung durch Vergasung der Opfer auch perfide medizinische Experimente an den Inhaftierten und ihre Einweisung in Arbeitslager, die nur die wenigsten überlebten.

Neben den furchtbaren Gräueln in den Vernichtungslagern gab es auch noch die namenlosen Verbrechen an dem Heer von zeitweise bis zu sieben Millionen Zwangsarbeitern, die zumeist Kriegsgefangene waren und die vor allem in der Rüstungsindustrie eingesetzt wurden.

Menschengruppen, die von den Nazis verfolgt wurden

- generell alle Regimegegner und Kritiker
- Sozialdemokraten und Gewerkschaftler
- Kommunisten
- Pazifisten und Wehrdienstverweigerer
- Mitglieder von Sekten und Glaubensgemeinschaften (etwa die Zeugen Jehovas)
- Juden
- Sinti und Roma
- Homosexuelle
- Menschen mit einer anderen sexuellen Orientierung
- Menschen mit Behinderung
- Menschen, die in irgendeiner Form Widerstand leisteten

Angesichts der unfassbaren Ausrottungspolitik des „Dritten Reiches" stellte sich nach 1945 vor allem auf Seiten der Alliierten die Frage nach der **Kollektivschuld**: Hatten sich alle Deutschen mehr oder weniger schuldig gemacht? Standen sie nicht samt und sonders irgendwie in der Verantwortung? Hatten sie nicht das gesamte NS-System billigend oder doch zumindest stillschweigend in Kauf genommen? In der Geschichtswissenschaft ist es bis heute umstritten, wie weit verbreitet das Wissen um die Verbrechen wirklich war. Hatten viele davon nichts oder nur wenig gewusst? Oder hat man es nicht wirklich wissen wollen, weil man vielleicht auch davon profitiert hatte, indem man etwa eine schöne Wohnung bekam, in der vorher eine jüdische Familie gewohnt hatte?

Bei einer sachgerechten Bewertung darf allerdings nicht vergessen werden, wie perfekt der Unterdrückungsapparat der Gestapo funktionierte und wie schwierig es damals war, verlässliche Informationen zu erhalten. Außerdem gab es eine weit verbreitete diffuse Angst, die es vielen Menschen ratsam erscheinen ließ, lieber die Augen zu verschließen und den Mund zu halten, anstatt zu protestieren.

Andererseits ist nicht zu leugnen: Es gab genügend Menschen, die den Gräueltaten zustimmten und die Hitler und sein Herrschaftssystem vorbehaltlos bewunderten. Auch die rassistischen und antisemitischen Vorstellungen der Nazis wurden von vielen mehr oder weniger bejaht, und es gab stets genügend Menschen, die bereit waren, die Vernichtungsprogramme umzusetzen.

Insgesamt tut man gut daran, nicht pauschal von einer Kollektivschuld zu sprechen.

Der Widerstand gegen die Herrschaft der Nazis

Angesichts des Unterdrückungsapparats im nationalsozialistischen Deutschland stellt sich die Frage nach Umfang und Bedeutung des Widerstands gegen die NS-Herrschaft. In der totalitären Einparteiendiktatur des Dritten Reiches war schon Kritik an den Machthabern gefährlich, Widerstand aber lebensbedrohlich, da das Regime gegen Oppositionelle mit brutaler Härte vorging und dabei keinerlei rechtsstaatliche Grundsätze respektierte.

In einem Herrschaftssystem, in dem schon eine ironische Bemerkung über die Machthaber oder der Besitz eines regimekritischen Manuskripts „Schutzhaft", Inhaftierung und Deportation zur Folge haben konnte, erforderte offener oder versteckter Widerstand Todesmut und die Bereitschaft zu ertragen, dass bei einer jederzeit zu befürchtenden Aufdeckung nicht nur das eigene Leben, sondern auch das Wohl von Angehörigen und Freunden gefährdet waren („Sippenhaft").

Angesichts der steten Bedrohung, der jeder Oppositionelle tagtäglich ausgesetzt war, ist es erstaunlich, dass es dennoch im Dritten Reich eine **vielfältige Widerstandsbewegung** gab. Widerstand gab es in allen Bevölkerungsschichten und in den verschiedensten politischen und weltanschaulichen Gruppen (s. Kasten). Dabei differierten die Formen, in denen Menschen sich widersetzten, erheblich. Sie reichten vom **passiven Widerstand** (Dienst nach Vorschrift, versteckte Kritik, Einschränkung der Zusammenarbeit, Obstruktionspolitik, Sabotage) und der **inneren Emigration** über die **Verweigerung der Mitarbeit** in NS-Organisationen und des **Gehorsams** in der Wehrmacht bis hin zum **aktiven Widerstand**, der den Sturz Hitlers (durch Denkschriften, anonyme Flugblätter oder sogar durch Attentate) verfolgte.

Martin Niemöller (evangelischer Theologe, der 1938 Häftling im Konzentrationslager Sachsenhausen interniert wurde)

„Als die Nazis die Kommunisten holten, habe ich geschwiegen, ich war ja kein Kommunist.

Als sie die Sozialdemokraten einsperrten, habe ich geschwiegen, ich war ja kein Sozialdemokrat.

Als sie die Gewerkschafter holten, habe ich geschwiegen, ich war ja kein Gewerkschafter.

Als sie mich holten, gab es keinen mehr, der protestieren konnte."

———————————

Quelle: http://martin-niemoeller-stiftung.de/martin-niemoeller/als-die-nazis-die-kommunisten-holten (Aufruf am: 21.9.2019)

Wer leistete Widerstand?

* Teile der **Arbeiterbewegung** (KPD, SPD und Gewerkschaften), wobei viele Kommunisten, z. B. die „Rote Kapelle", aktiven Widerstand leisteten, während die SPD-Mitglieder ihre Opposition vor allem über eine gezielte Öffentlichkeitsarbeit ausübten.
* **Nationalkonservative** und **hohe Militärs** (wie die Organisatoren des Attentats vom 20. Juli 1944, die einen Staatsstreich planten
* **beide christliche Kirchen** wie auf evangelischer Seite Dietrich Bonhoeffer sowie die „Bekennende Kirche" um Martin Niemöller und auf katholischer der Bischof von Münster, Graf von Galen
* **Jugendliche und Studenten** wie die Münchner „Weiße Rose" um die Geschwister Scholl und die Kölner „Edelweißpiraten"
* **Gesprächsgruppen** wie der Kreisauer Kreis, in denen sich oppositionelle bürgerliche Politiker, Geistliche, Offiziere, Gelehrte etc. trafen, um über Formen des Widerstands zu diskutieren
* **mutige Einzelne** wie Georg Elser, der 1939 Hitler durch ein Bombenattentat töten wollte, und der Industrielle Oswald Schindler, der Tausende von Zwangsarbeitern und Juden rettete
* viele **Unbekannte**, die mutig genug waren, Verfolgte bei sich zu verstecken

Dass der Widerstand gegen das NS-Regime insgesamt so wenig erfolgreich war, hatte viele Gründe. So führten die obrigkeitstreue Haltung der meisten Deutschen und ihr naiver Glaube an den „Führer" dazu, dass Oppositionelle in der Regel wenig Rückhalt in der Bevölkerung fanden. Ferner erschwerten das durchorganisierte Überwachungssystem der Gestapo und die allgegenwärtigen Spitzel (vom Blockwart bis zum Hitlerjungen) konspirative Aktivitäten jedweder Art. Weitere Gründe waren die mangelhafte Unterstützung aus dem Ausland, der geringe Organisationsgrad der meisten Gruppen und die vor allem anfangs nur geringe Bereitschaft zur Zusammenarbeit mit Oppositionellen anderer Weltanschauungen. Außerdem verliefen sämtliche Attentatsversuche für die Widerständler unglücklich, Hitler entging Ihnen jeweils.

Beim Thema des Widerstands gegen den NS-Staat darf nicht vergessen werden, dass es im Zweiten Weltkrieg in allen von der Wehrmacht besetzten Ländern erheblichen Widerstand gegen die deutsche Fremdherrschaft gab. Er reichte von der französischen **Résistance** und **polnischen Emigranten** bis zu den **serbischen Partisanen** und umfasste **Widerstandsgruppen in West- und Nordeuropa** ebenso wie in **Ostmitteleuropa, der Sowjetunion und Italien**.

Der Zweite Weltkrieg

Blitzkriege und Siege Hitler-Deutschlands bis 1941

Angesichts der Schwäche der westlichen Alliierten im Gefolge der Weltwirtschaftskrise hofften die Länder, die sich in der Nachkriegsordnung seit 1919 benachteiligt glaubten, den eigenen Machtbereich ausdehnen und neue Gebiete erobern zu können. Dies galt zunächst für **Japan**, das von 1931 an in Ostasien expandierte und 1937 China überfiel. In Europa waren es **Italien** und dann vor allem **Hitler-Deutschland**, die eine Revision der Machtverhältnisse anstrebten. Seit 1938 agierte das Deutsche Reich offen expansiv. Nach der erfolgreichen Revision des Versailler Vertrags war Hitler keineswegs zufrieden, sondern fühlte sich vielmehr ermuntert, seine Expansionspolitik fortzusetzen. Getrieben von seiner „Lebensraum-Ideologie" richteten sich seine Begehrlichkeiten vor allem auf Osteuropa. Da er die westlichen Demokratien für schwächlich hielt, schien ihm das Risiko eines neuen Weltkriegs begrenzt.

Dennoch befand er sich kurz vor Kriegsausbruch in einer von ihm so eigentlich nicht intendierten Situation. Da Großbritannien nicht, wie von ihm erwartet, bereit war, die Rolle eines Juniorpartners des Deutschen Reiches einzunehmen, schloss er völlig überraschend ein Bündnis mit seinem Todfeind Stalin. Damit hatte Hitler eine außenpolitische Konstellation erreicht, die für ihn günstig erschien, um Polen zu überfallen.

Die damit beginnende **erste Phase** des Zweiten Weltkriegs, die auch als europäischer Krieg bezeichnet wird, war für das „Dritte Reich" ungemein erfolgreich, da in rascher Folge **„Blitzkriege"** gegen kleinere und mittlere Staaten in ganz Europa geführt und gewonnen wurden. So beherrschte Hitler-Deutschland bis zum Juni 1941 weite Teile des europäischen Kontinents direkt oder indirekt mit Hilfe von Vasallenstaaten und Bündnispartnern. Hierbei wurde allerdings übersehen, dass alle diese Siege gegen weit unterlegene und wenig kampfbereite Gegner errungen worden waren. Wirklich beeindruckend war allein der rasche Sieg über Frankreich, an dem der deutsche Vormarsch im Ersten Weltkrieg vier Jahre lang gescheitert war.

Dagegen zeigte sich bereits im **Luftkampf gegen England** (1940/41), dass die Wehrmacht gegen einen gut gerüsteten und entschlossenen Gegner keinesfalls so leicht gewinnen konnte.

Was war wichtig von September 1939 bis Juni 1941?

* **1.9.1939:** Deutscher **Überfall auf Polen**, das bis zum **28.9.** vollständig besiegt und besetzt wird
* **3.9.1939**: **Kriegserklärungen** Frankreichs und Großbritanniens, womit Hitler nicht gerechnet hatte. Dennoch zunächst keine Kampfhandlungen an der Westfront.
* **9.4.1940**: Kampflose **Besetzung Dänemarks** und Beginn der **Eroberung Norwegen**s, das am **10.6.** kapituliert
* **10.5.1940**: **Deutscher Angriff im Westen**. Die Niederlande und Belgien kapitulieren bis Ende Mai.
* **10.5.1940**: **Winston Churchill** wird englischer Premierminister: Er bildet ein Kriegskoalitionskabinett und erklärt die kompromisslose Kampfbereitschaft Großbritanniens.
* **14.6.1940**: Paris wird kampflos von der Wehrmacht besetzt. Damit ist **Frankreich besiegt** und muss am **22.6** den Waffenstillstand von Compiègne akzeptieren.
* **Seit dem Sommer 1940**: Deutsche Luftangriffe auf Großbritannien, die die Invasion vorbereiten sollen („**Luftschlacht um England**").
* **6.4.1941**: Beginn des deutschen Krieges gegen **Jugoslawien** und **Griechenland**, die schnell besiegt und besetzt werden.

In der Zeit von Juni bis Dezember 1941 weitete sich der Krieg zum **Weltkrieg** aus, da die Kriege Hitler-Deutschlands in Europa und Japans in Ostasien „zusammenwuchsen". Dies geschah zum einen durch den Überfall der Wehrmacht auf die Sowjetunion am 22. Juni 1941, zum anderen durch den Angriff der Japaner auf Pearl Harbor am 7. Dezember desselben Jahres. Dadurch waren nun auch endgültig die UdSSR und die USA zu kriegführenden Parteien geworden. Da beide Mächte sich mit Großbritannien zusammenschlossen, verschoben sich die Kräfteverhältnisse nun entscheidend zugunsten der Alliierten.

Hitler hatte zwar mit dem Angriff auf die Sowjetunion den Krieg erreicht, den er aufgrund seiner „Lebensraum-im-Osten-Ideologie" unbedingt führen wollte, doch durch den Eintritt der USA war es nun nur noch eine Frage der Zeit, bis die von Monat zu Monat deutlichere Überlegenheit der Alliierten zur Niederlage Hitler-Deutschlands – und damit zur Befreiung von der nationalsozialistischen Diktatur – führen musste.

Was war wichtig 1941 bis 1945?

- **22.6.1941**: Deutscher Überfall auf die UdSSR mit raschem Vordringen der Wehrmacht bis Leningrad und Moskau
- **14.8.1941**: Atlantik-Charta Roosevelts und Churchills über Ziele und Grundsätze der Kriegspolitik der USA und Großbritanniens
- **7.12.1941**: Überfall Japans auf die US-Flotte in Pearl Harbor
- **20.1.1942**: Auf der **„Wannsee-Konferenz"** in Berlin werden Maßnahmen zur **„Endlösung der Judenfrage"** festgelegt. Die Deportation und Vernichtung der jüdischen Bevölkerung in den besetzten Gebieten wird seither planmäßig organisiert und mit systematischer Brutalität durchgeführt.
- **3.–7. Juni 1942**: Die Japaner erleiden in der See- und Luftschlacht bei den Midway-Inseln die entscheidende Niederlage, die die Wende im Pazifik einleitet.
- **Winter 1942/43**: Die Schlacht um Stalingrad bringt die kriegsentscheidende Wende in Europa. Bis zum **2.2.1943** kapituliert die gesamte 6. deutsche Armee in Stalingrad.
- **13.5.1943**: vollständige Kapitulation der deutschen und der italienischen Truppen in Nordafrika
- **10.7.1943**: Landung der Amerikaner und Briten in Sizilien. Von dort allmähliches Zurückdrängen der deutschen Truppen aus Italien
- **6.6.1944**: Mit der Landung alliierter Truppen in der Normandie beginnt die schrittweise Rückeroberung Frankreichs.
- **20.7.1944**: Ein gut vorbereitetes Attentat führender deutscher Offiziere auf Hitler misslingt, sodass auch der exakt geplante Putschversuch scheitert.
- **25.8.1944**: Die Amerikaner und französische Truppen unter Charles de Gaulle gewinnen Paris.
- **Februar 1945**: **Konferenz von Jalta**, auf der die „Großen Drei" (Roosevelt, Stalin und Churchill) die Nachkriegsordnung und die Aufteilung Deutschlands beschließen.
- **10. März 1945**: Die Amerikaner überschreiten den Rhein.
- **30.4.1945**: Selbstmord Hitlers
- **8.5.1945**: Bedingungslose Kapitulation des Deutschen Reiches und **„Stunde Null"** für Deutschland, dessen Zukunft zu diesem Zeitpunkt im Ungewissen liegt.
- **15.8.1945**: Nach den **Atombombenabwürfen** der USA auf Hiroshima und Nagasaki bedingungslose Kapitulation Japans und damit Ende des Zweiten Weltkriegs auch in Ostasien.

UMGANG MIT CHECKLISTEN

Gerade in der Prüfungsvorbereitung ist es nützlich, Checklisten anzulegen – und sie dann auch abzuarbeiten. Erstellen Sie also Listen von den Inhalten, die Sie noch bearbeiten und lernen wollen. Ebenso sinnvoll ist es, wenn Sie auf Karteikarten oder in Ihrem Smartphone auflisten, welche Begriffe, Geschichtszahlen und historische Persönlichkeiten Sie sich unbedingt merken wollen.

ZEIT DER WELTKRIEGE (1914 BIS 1945)   Checkliste

→ Welche Ereignisse verbinden Sie mit den folgenden Jahreszahlen?

1914	1917
1918	1919
1923	1929
1930	1933
1935	1938
1939	1941
1942	1945

→ Erklären Sie folgende Begriffe.

Oktoberrevolution	Novemberrevolution
Kriegsschuldfrage	Dolchstoßlegende
Versailler Vertrag	Notverordnung
Inflation/Deflation	Völkerbund
Weltwirtschaftskrise	Drittes Reich
Ermächtigungsgesetz	Totalitarismus
Rassismus	Weimarer Republik
Antisemitismus	Nürnberger Gesetze
Appeasement	Münchner Abkommen
Hitler-Stalin-Pakt	

→ Themen zum Nachdenken:

1. Skizzieren Sie Grundzüge der drei Phasen der Weimarer Republik und zeigen Sie, inwiefern die Jahre 1923 und 1930 Wendepunkte gewesen sind.

2. Erörtern Sie die These, dass das Scheitern der Weimarer Republik schon durch den Versailler Vertrag zwangsläufig bedingt war.

3. Beschreiben Sie, mit welchen Mitteln und in welchen Schritten Hitler und die Nationalsozialisten 1933 ihre Macht durchsetzten.

4. Erklären Sie, warum die verschiedenen Widerstandsgruppen im Dritten Reich so wenig Erfolg hatten.

4 VON DER „STUNDE NULL" ZUR WIEDERVEREINIGUNG (1945–1990)

Die Zeit von 1945 bis 1989 bildet eine in sich geschlossene Einheit. Sie ist das Zeitalter des **Ost-West-Gegensatzes** zwischen dem von den USA geführten Westen und dem von der UdSSR dominierten Ostblock. Diese Ära war nach dem raschen Zerfallen der Anti-Hitler-Koalition durch die Konfrontation zwischen den beiden Supermächten und durch den Wettstreit ihrer beiden gegensätzlichen Gesellschaftssysteme gekennzeichnet. Allerdings sind die gut vier Jahrzehnte nach dem Zweiten Weltkrieg kein einheitlicher Block. Vielmehr wechselten Phasen eines nicht erklärten **„Kalten Krieges"** mit Perioden ernsthafter **Entspannungsbemühungen** ab. Das Ende dieses Zeitalters wurde durch Michail Gorbatschows entschiedenen Kurswechsel eingeläutet. Seine Reform- und Abrüstungsbestrebungen bewirkten schließlich den Zusammenbruch des Ostblocks und den Zerfall der bis dahin so mächtigen Sowjetunion.

Die deutsche Geschichte dieser Zeit stand im Zeichen der 1949 erfolgten **Teilung**, die auch noch Ende der 1980er-Jahre fest zementiert schien. Die Veränderungen in Osteuropa ermöglichten dann aber überraschend und unerwartet die Chance der **Wiedervereinigung**.

Weniger im Rampenlicht der Öffentlichkeit, aber für die Zukunft von enormer Bedeutung war die erfolgreiche Entwicklung der **Europäischen Integration**, die bis 1990 zu einer vor allem wirtschaftlich verbundenen Staatengemeinschaft führte, der seit 1986 insgesamt zwölf Länder in West-, Süd- und Mitteleuropa angehörten.

GEGENWARTSBEZÜGE HERSSTELLEN

Die Vorbereitung auf Geschichtsprüfungen fällt sehr viel leichter, wenn es gelingt, Bezüge zur Gegenwart herzustellen. Sobald Sie erkennen, dass Geschichte nicht totes Wissen ist, sondern die Wurzel dessen, was unsere Zeit bis heute prägt, wird sie für Sie interessant und spannend.

- die unmittelbare **Nachkriegszeit** und die **doppelte Staatsgründung** von BRD und DDR 1949 (siehe S. 88–91)
- die Zeit der Blockbildung und des **Ost-West-Gegensatzes** in der Zeit des Kalten Krieges (siehe S. 92–97)
- die Entwicklungsgeschichte im **geteilten Deutschland** seit 1949 (siehe S. 98–107)
- die **Europäische Integration** von den 1950er Jahren bis zur Bildung der „Europäischen Gemeinschaft" (siehe S. 108–113))
- der **Zusammenbruch des Ostblocks** und der Niedergang der DDR Ende der 1980er-Jahre (siehe S. 114–117)

Die größte Herausforderung der Epoche von 1945 bis 1990 waren der Aufbau und der Erhalt einer **globalen Friedensordnung**. Dass dies bei allen ideologischen Gegensätzen zwischen den beiden Blöcken gelang, lag vor allem an dem militärischen und atomaren „Gleichgewicht des Schreckens" und an den allerorten furchtbaren Erinnerungen an den Zweiten Weltkrieg. Dadurch waren die politisch Verantwortlichen beider Seiten in diesen Jahrzehnten stets einsichtig genug, alles zu tun, um die „ultima ratio" eines erneuten Weltkriegs nicht wirklich in Erwägung zu ziehen. Allerdings gab es in diesen Jahrzehnten Kriege, in denen der Gegensatz der Blöcke regional ausbrach. Beispiele sind der Korea-Krieg oder der Vietnam-Krieg.

- Konfrontation der westlichen Staaten unter Führung der USA mit dem Ostblock
- Wettrennen und **Wettrüsten** der beiden Systeme bei gleichzeitigem Bemühen, Krieg unbedingt zu vermeiden
- wachsender Wohlstand für immer mehr Menschen
- seit den 1960er-Jahren allgemeine Liberalisierung in den offenen Gesellschaften des Westens
- totalitäre Tendenzen in vielen anderen Ländern
- kontinuierliche **Internationalisierung** von Handel und Wirtschaft
- Vielfalt in Kunst und Literatur, die nicht mehr einem einzigen Stilbegriff unterliegen

Die Nachkriegsjahre bis 1949

Das Ende des Zweiten Weltkriegs bedeutete für das Deutsche Reich mit der **bedingungslosen Kapitulation** den vollständigen Zusammenbruch und die Besatzung durch die Alliierten. Für die Menschen in Deutschland bedeutete dies aber zugleich die **Befreiung** von der nationalsozialistischen Fremdherrschaft und die Erlösung von den für sie gerade in den vorhergehenden Monaten so grauenhaften Kriegshandlungen und Bombenangriffen. Das Deutsche Reich, das noch zweieinhalb Jahre zuvor fast ganz Europa beherrscht und unterdrückt hatte, war nun ein vollständig besetztes Land, das als Staat aufgehört hatte, zu existieren.

In dieser **„Stunde Null"** war Deutschland in weiten Teilen zerstört, die Infrastruktur, vor allem im Verkehrswesen und in der Energieversorgung, zusammengebrochen, die weitere Zukunft gänzlich ungewiss. Dazu kamen Flucht und Vertreibung aus den Ostgebieten, wo insgesamt mehr als 13 Millionen Menschen unter katastrophalen Bedingungen ihre Heimat verlassen mussten.

Wegweisend für die **Nachkriegsordnung** wurde die **Potsdamer Konferenz** vom 17. Juli bis zum 2. August 1945, auf der die Siegermächte die Rahmenbedingungen für das besiegte Deutschland festlegten. Als oberstes Organ wurde der Alliierte Kontrollrat eingesetzt, der mit der gemeinschaftlichen Verwaltung Deutschlands betraut wurde und fortan die Regierungsgewalt in den vier Besatzungszonen ausübte.

Beschlüsse der Potsdamer Konferenz von 1945

- **Demokratisierung** des öffentlichen Lebens in Deutschland unter Aufsicht der Alliierten, zunächst auf der Ebene der Städte und Gemeinden, dann auf der der Länder
- **Demilitarisierung**
- **Dezentralisierung** der Wirtschaft, vor allem Zerschlagung der Großkonzerne („Dekartellisierung")
- **Denazifizierung** und Umerziehung der Deutschen zu demokratiefähigen Bürgern
- **Demontagen** zur Erfüllung von Reparationsforderungen
- Festlegung der **vier Besatzungszonen** und der **Oder-Neiße-Linie** als Westgrenze Polens

Schon während der Potsdamer Konferenz zeichneten sich erste Spannungen zwischen den drei westlichen Verbündeten auf der einen Seite und der Sowjetunion auf der anderen ab. Der **Systemgegensatz** zwischen dem Westen (Liberaldemokratische Ordnung + Marktwirtschaft) und Osten (Sozialistische Einparteiendiktatur + Planwirtschaft) führte schon in den folgenden Monaten zum offenen Bruch innerhalb der Siegerkoalition. Aus dem Kriegsbündnis, der „Anti-Hitler-Koalition" der Jahre 1941 bis 1945, entwickelte sich so in kurzer Zeit der **Ost-West-Gegensatz**, der fortan die Weltpolitik bestimmen sollte.

Diese Entwicklung veränderte das politische und wirtschaftliche Leben in den vier deutschen Besatzungszonen: Da jede Besatzungsmacht bestrebt war, in der von ihr regierten Zone ihr eigenes Gesellschaftssystem durchzusetzen, verlor der Alliierte Kontrollrat bald an Einfluss, sodass sich die Besatzungszonen sehr unterschiedlich entwickelten.

Bereits 1946 erzwang die Sowjetunion in ihrer Zone die **Vereinigung von SPD und KPD** zur „Sozialistischen Einheitspartei Deutschlands" (SED). Damit zeigte die UdSSR, dass sie nicht gewillt war, einen Mehrparteienstaat nach westlichem Vorbild zuzulassen. In den Westzonen bildete sich dagegen neben der SPD eine neue Volkspartei, die neu gegründete CDU mit der CSU als Schwesterpartei in Bayern.

In wirtschaftlicher Hinsicht schlossen sich bereits 1947 die amerikanische und die britische Zone zur **Bizone** zusammen, die am 1.1.1949 durch die Vereinigung mit der französischen Zone zur **Trizone** erweitert wurde. So wurden bereits 1946 bis 1948 die Weichen für die weitere Zukunft Deutschlands gestellt. Während die drei Westzonen Marshallplangelder erhielten, lehnte die Sowjetunion diese Hilfe für die von ihr besetzten Gebiete ab. Mit der **Währungsreform** am 21. Juni 1948, durch die im Westen die D-Mark eingeführt wurde, wurde die spätere Spaltung schon vorweggenommen, denn in der sowjetischen Besatzungszone (SBZ) erfolgte drei Tage später mit der Ostmark die Einführung einer anderen Währung. Damit war die Trennung in zwei Wirtschaftsgebiete mit den gegensätzlichen Wirtschaftsordnungen von Plan- und Marktwirtschaft verbunden. Ebenfalls in das Jahr 1948 fiel die Grundsatzentscheidung über die künftige politische Ordnung. In den Westzonen beauftragten die dortigen Alliierten einen eigens hierfür gebildeten Parlamentarischen Rat damit, eine Verfassung für die elf Länder der späteren **Bundesrepublik Deutschland** zu erarbeiten, während in der SBZ ein „Volkskongress" die Aufgabe erhielt, für den von der Sowjetunion kontrollierten Teil Deutschlands, die spätere **DDR**, eine Verfassung zu erstellen.

Was war besonders wichtig 1945 bis 1949?

- **8. Mai 1945:** Waffenstillstand und „Stunde Null" in Deutschland und Europa
- **2. Aug. 1945: Potsdamer Abkommen** der Siegermächte über die Besatzungspolitik und die Aufteilung Deutschlands
- **26. Juni 1945:** Gründung der **UNO** in San Francisco mit Sitz in New York
- **1945/46**: Nürnberger Kriegsverbrecherprozesse mit Verkündung der Urteile am 1.10.1946
- **1946:** SPD und KPD werden in der SBZ zur SED zwangsvereinigt
- **1. Jan. 1947:** Bildung der Bizone in Westdeutschland
- **12. März 1947:** Die **Truman-Doktrin** der Eindämmungspolitik gegenüber der UdSSR sowie die Marshallplangelder für den Wiederaufbau Europas und für die Abwehr kommunistischen Einflusses markieren den Beginn des Kalten Krieges.
- **6. Juni 1948:** Die **Londoner Sechsmächtekonferenz** (ohne die UdSSR) beschließt die Bildung eines demokratischen Staatswesens in den drei Westzonen und die Einführung einer neuen Währung.
- **21. Juni 1948: Währungsreform** in den drei Westzonen und Einführung der D-Mark, worauf die Sowjetunion die Blockade Berlins verhängt, die aber durch die Luftbrücke der Amerikaner letztlich unwirksam bleibt
- **1948/49:** Die Arbeit des Parlamentarischen Rates führt zum **Grundgesetz** und zur Begründung der Bundesrepublik Deutschland, die Arbeit des Volkskongresses zur Gründung der Deutschen Demokratischen Republik.
- **23. Mai 1949**: Ratifizierung des Bonner Grundgesetzes
- **14. Aug. 1949:** Wahl zum ersten deutschen Bundestag
- **7. Okt. 1949:** Gründung der Deutschen Demokratischen Republik (= DDR)

Damit waren die Weichen für die Gründung zweier deutscher Staaten im Jahre 1949 gestellt: Mit der Verabschiedung des Bonner Grundgesetzes am 23. Mai und der Bestätigung der Verfassung der DDR am 30. Mai wurde **„die doppelte Staatsgründung"** dann endgültig vollzogen.

Ebenfalls 1949 wurde die **NATO** als westliches Verteidigungsbündnis zum Schutz gegen den Ostblock gegründet. Damit hatte endgültig das Zeitalter des Kalten Krieges begonnen.

Zentrale Prinzipien des Grundgesetzes

→ Verankerung der **Grund- und Menschenrechte** (Art. 1 bis 19)

→ strikte **Gewaltenteilung** vertikal in Bund, Ländern und Gemeinden und horizontal zwischen Bundesregierung, Bundestag und Bundesverfassungsgericht

→ **Rechtsstaatsprinzip**: Bindung aller Staatsorgane an die Verfassung

→ Prinzip der **repräsentativen Demokratie**, also Volkssouveränität und allgemeine Wahlen zum Parlament; Anwendung der Mehrheitsregel

→ **Bundesstaatlichkeit**, d.h. Bejahung des Föderalismus

→ **Sozialstaatsprinzip**, das damit Verfassungsrang erhält

→ **Widerstandsrecht** „gegen jeden, der es unternimmt, diese Ordnung zu beseitigen [...], sofern andere Abhilfe nicht möglich ist" (Art 20, Abs. 4)

L & P / 1886

Besatzungzonen und ehemalige deutsche Staatsgebiete unter sowjetischer oder polnischer Verwaltung 1945

Die Welt im Zeichen der Blockbildung

Trotz gemeinsamer Bemühungen im Jahre 1945, die zum Potsdamer Abkommen (siehe S. 88) und zur Begründung der UNO führten, zerfiel die Siegerkoalition zwischen den westlichen Alliierten und der Sowjetunion doch schon sehr schnell in den folgenden Monaten. Bereits 1946 sprach Winston Churchill von einem **„Eisernen Vorhang"**, der die von der UdSSR kontrollierten Gebiete Ostmitteleuropas vom Westen trenne – und kaum jemand wisse, was dort eigentlich geschehe. Das Misstrauen der westlichen Verbündeten wurde dadurch verstärkt, dass in diesen Ländern kommunistische Regimes eingesetzt wurden, die eine demokratische Entwicklung verhinderten.

So kam es, dass US-Präsident Truman im März 1947 die schon bald nach ihm benannte Doktrin entwickelte, wonach die USA „freien" Völkern, die sich vom Kommunismus bedroht fühlten, wirtschaftliche und militärische Hilfe zusicherten. Die **Truman-Doktrin** war Ausdruck der Politik der **„Eindämmung"** (amerik. „Containment"), mit der die USA versuchen wollten, dem als aggressiv und bedrohlich eingeschätzten sowjetrussischen Expansionsstreben mit Entschiedenheit entgegenzutreten. Wirtschaftliches Pendant der veränderten außenpolitischen Leitlinie der USA war der **Marshall-Plan**, der zum Wiederaufbau des zerstörten Europa gedacht war. Im Rahmen dieses „European Recovery Program" (kurz: ERP) flossen ab 1948 beträchtliche finanzielle Mittel nach Europa. Allerdings untersagte die Sowjetunion den von ihr besetzten Gebieten die Annahme von Fördergeldern aus der Marshallplanhilfe.

1948/49 eskalierten die Spannungen zwischen den beiden sich abzeichnenden Blöcken weiter. Die auf Initiative der USA veranlasste Einführung einer neuen deutschen Währung alleine in den drei Westzonen beantwortete die UdSSR mit der **Berliner Blockade**, worauf die Amerikaner die Westsektoren der eingeschlossenen früheren Reichshauptstadt aus der Luft versorgten.

Die 1949 vollzogene Bildung zweier deutscher Staaten machte dann die **Blockbildung** ebenso sichtbar wie die im selben Jahr erfolgte Gründung der **NATO**, die als nordatlantisches Verteidigungsbündnis ein Gegengewicht zur militärischen Macht der UdSSR und ihrer Satellitenstaaten werden sollte.

Welche Gründe führten zum Kalten Krieg?

Die Frage nach den Ursachen, Auslösern und Verantwortlichen des Kalten Krieges wird von Politikwissenschaftlern und Historikern kontrovers diskutiert. Die folgenden Faktoren sind aber unstrittig.

- Auf beiden Seiten gab es ein gegenseitiges **Misstrauen** und gegenseitige Schuldzuweisungen, eine aggressive und imperialistische Expansionspolitik zu betreiben.
- Ebenso massiv waren die gegenseitigen **Bedrohungsvorstellungen** und **-ängste** vor einem militärischen Angriff der jeweils anderen Seite.
- Die **Systemgegensätze** schienen sowohl ideologisch und politisch (konträres Demokratieverständnis) als auch ökonomisch (hier freie Markt-, dort zentral gesteuerte Planwirtschaft) unüberbrückbar.
- Die auf die Durchsetzung eigener Interessen ausgerichtete Machtpolitik beider Supermächte musste zwangsläufig kollidieren und zu Spannungen führen.
- Die Einflussnahme der Sowjetunion und das Agieren der Roten Armee in Mittelosteuropa hatten die vom Westen gewünschte Demokratisierung verunmöglicht und führten dort zu Ärger und Misstrauen.
- Umgekehrt fühlte sich die UdSSR durch die nukleare Überlegenheit der USA und ihr anfangs bestehendes Atombombenmonopol bedroht.
- Die Amerikaner wiederum nahmen die von den Kommunisten immer wieder beschworene „**Weltrevolution**" sehr ernst und befürchteten eine stete Ausdehnung des sowjetrussischen Einflusses durch kommunistische Parteien vor allem in Südeuropa und in der Türkei.
- Die UdSSR sah dagegen in den USA einen **gefährlichen Imperialismus** am Werk, der die ganze Menschheit vereinnahmen wolle.
- Eine wichtige Rolle spielten auch eigendynamische Effekte, da sich die verschiedenen Einflussfaktoren gegenseitig verstärkten, sodass eine Eskalation fast zwangsläufig wurde.

1949 war die Herausbildung der beiden feindlichen Blöcke, die jeweils von einer Führungsmacht dominiert wurden, weitgehend abgeschlossen. Der Dualismus der beiden Lager verschärfte sich gleich zu Beginn der 1950er-Jahre infolge des **Korea-Krieges** (1950–1953), in dem UN-Truppen unter amerikanischem Oberbefehl die nordkoreanische Armee wieder aus dem von ihr zuvor okkupierten Südteil des Landes vertrieben. Da die USA davon ausgingen, dass der Angriff Nordkoreas von der UdSSR unterstützt würde, war die Gefahr einer bewaffneten Auseinandersetzung in den Jahren des Korea-Krieges besonders groß.

In dieser Zeit veränderte die US-Regierung denn auch ihre Militärdoktrin von der eher defensiv ausgerichteten Politik des „Containment" zum **deutlich aggressiveren Konzept des „Roll back"**. Ziel dieser neuen Außenpolitik der 1950er-Jahre war die Zurückdrängung sowjetrussischen Einflusses in Europa und Asien. Innenpolitisch entsprach dem „Roll back" ein strikter **Antikommunismus**, der in den USA unter Senator McCarthy zeitweise hysterische Ausmaße annahm und zu wilden Verdächtigungen gegen viele Linksliberale führte.

Was war besonders wichtig 1950 bis 1962?

* **1950–1953: Korea-Krieg** und Verschärfung des Ost-West-Konflikts
* **1952:** Nach dem Beitritt der Bundesrepublik zur Europäischen Verteidigungsgemeinschaft (EVG) unterbreitet die UdSSR die **„Stalin-Note"** (Angebot zur Wiedervereinigung Deutschlands unter der Bedingung der Neutralisierung).
* **1953: Tod Stalins** und beginnendes „Tauwetter" in der UdSSR
* **1955:** Aufgrund des NATO-Beitritts der BRD wird im Ostblock der **Warschauer Pakt** unter Einschluss der DDR begründet.
* **1956**: **Niederschlagung des ungarischen Volksaufstands** durch die Rote Armee
* **1957: „Sputnik-Schock"** für die USA durch den erfolgreichen Start der Raumfahrt der UdSSR
* **1958:** Die Forderung der Sowjetunion nach einer entmilitarisierten „freien Stadt West-Berlin" (**„Berlin-Ultimatum"**) wird von den Westalliierten entschieden zurückgewiesen.
* **1961:** Der erste Mensch im Weltraum ist der Sowjetrusse Jurij Gagarin, was in den USA zu einem erneuten Schock und zur Gründung der **NASA** führt
* **1961:** Bau der **Berliner Mauer**
* **1962:** Die **Kuba-Krise** bringt die Menschheit an den Rand eines Atomkriegs.

Nachdem sich in den 1950er-Jahren die Blockbildung verfestigt und die ideologischen Gegensätze verschärft hatten, führten die 1960er-Jahre zu einer deutlichen Entspannung. Dies wurde vor allem durch die

Kuba-Krise bewirkt. Der Aufbau sowjetischer Basen für Mittelstreckenraketen auf der Karibikinsel im „Hinterhof" der USA brachte die Welt dreizehn Tage lang an den Abgrund eines nuklearen Vernichtungskriegs. Die entschiedene amerikanische Haltung unter Präsident Kennedy, der eine Seeblockade gegen Schiffe der UdSSR verhängte, die beiderseitige Gesprächsbereitschaft und schließlich der Abzug der sowjetrussischen Raketen verhinderten jedoch ein Inferno.

Die Erfahrungen in der Kuba-Krise führten auf beiden Seiten zu einer generellen Umorientierung: In der UdSSR wurde das schon seit 1956 entwickelte Prinzip der **„friedlichen Koexistenz"** des Nebeneinanders der beiden verfeindeten Blöcke zur Maxime der Außenpolitik, während die USA und die NATO mit der **„Flexible Response"** eine grundlegend veränderte Strategie begründeten, die auf Verhandlungen aus einer Position der Stärke setzte („Zwei-Säulen-Theorie", nach der die Sicherheit der NATO-Staaten auf Verteidigungsbereitschaft und Entspannung beruhen soll).

Damit begann die **Epoche der Entspannung**, die von beiderseitigem Bemühen gekennzeichnet war, ein geregeltes Nebeneinander zu ermöglichen und dem weiterhin befürchteten eventuellen Angriff der Gegenseite durch einen rechtzeitigen atomaren Vergeltungsschlag („Zweitschlagsfähigkeit") begegnen zu können. Aufgrund dieser Bedrohungsängste gab es trotz aller Gespräche eine Fortsetzung des **Rüstungswettlaufs**, der zur Entwicklung immer ausgeklügelter Raketensysteme und vielfacher Overkillkapazitäten führte. Ansonsten wurde der „Wettkampf der Systeme" vor allem im Sport (bei Olympischen Spielen und Weltmeisterschaften) sowie im Weltall ausgetragen. Dabei gelang den Amerikanern dank einer außerordentlichen Kraftanstrengung 1969 die erste Mondlandung, sodass sie in der ungemein prestigeträchtigen Weltraumfahrt doch noch die Sowjetunion überholt hatten.

Im Rahmen der allgemeinen Entspannungspolitik ergab sich auch zwischen den beiden deutschen Staaten eine Annäherung, die vor allem durch die engagierte **„Neue Ostpolitik"** der Regierung Brandt ermöglicht wurde. Höhepunkt dieser Epoche war 1975 in Helsinki die **„Konferenz für Sicherheit und Zusammenarbeit in Europa"** (KSZE), bei der auch die USA und Kanada vertreten waren. In der Schlussakte von Helsinki wurden die Achtung der Menschenrechte, Erleichterungen im Handel, die Unverletzlichkeit der bestehenden Grenzen und der Grundsatz der Nichteinmischung in innere Angelegenheiten festgeschrieben.

Auch wenn die Garantierung der Grundfreiheiten sich in den Ländern des Ostblocks kaum unmittelbar bemerkbar machte, stärkte sie dort doch die Oppositionsbewegungen wie etwa die Gruppe der „Charta 77" um den tschechischen Schriftsteller Vaclav Havel.

Trotz der Fortschritte von Helsinki, die von Abrüstungsverhandlungen begleitet waren, kam es Ende der 1970er-Jahre jäh zu einer erneuten Verschärfung des Ost-West-Gegensatzes, als die Sowjetunion in **Afghanistan** einmarschierte. Schon vorher hatte die UdSSR ihre Aufrüstung vor allem im Bereich der Mittelstreckenraketen ungeachtet aller Zusicherungen vorangetrieben. Deshalb fasste die NATO den sogenannten **„Doppelbeschluss"**: Für den Fall, dass der Warschauer Pakt nicht einlenkte, drohte sie mit einer gezielten Nachrüstung.

Da die Führung der Sowjetunion nicht bereit war, die Raketenbasen, die sie in Mittelosteuropa errichtet hatte, wieder abzubauen, begann der Westen 1982/83 mit der Aufstellung eigener Abwehrraketen in Mitteleuropa. Damit schien der Kalte Krieg zurückgekehrt zu sein, zumal der neue US-Präsident, der konservative Ronald Reagan, die UdSSR öffentlich als „Reich des Bösen" bezeichnete und eine Aufrüstung sondergleichen einleitete.

Dass es trotz alledem nicht zu einer weiteren Eskalation kam, lag in erster Linie an der **grundlegenden Wende in der Innen- und Außenpolitik der UdSSR**, die durch Michail Gorbatschow, der 1985 Generalsekretär der KPdSU geworden war, ausgelöst wurde.

Was war besonders wichtig 1963 bis 1985?

- **1963:** Einrichtung des „heißen Drahts" zwischen Washington und Moskau; **Atomstoppvertrag** zwischen den beiden Supermächten
- **1964:** militärische Intervention der USA in Vietnam, die zum **Vietnamkrieg** führt, der bis 1975 dauert
- **1968:** Truppen des Warschauer Pakts besetzen im Sinne der **Breschnew-Doktrin** die Tschechoslowakei und ersticken damit die Liberalisierungsbemühungen des **„Prager Frühlings"**.
- **1972: SALT-I-Vertrag** zur Begrenzung strategischer Nuklearwaffen
- **1975: KSZE-Konferenz** in Helsinki
- **1979:** Besetzung **Afghanistans** durch die Rote Armee (bis 1989)
- **1985: Gorbatschow** wird Generalsekretär der KPdSU

ZENTRALE BEGRIFFE ZUR EPOCHE DES KALTEN KRIEGES

* **Berlin-Ultimatum:** 1958 forderte die UdSSR ultimativ die Umwandlung West-Berlins in eine entmilitarisierte „Freie Stadt". Dies wurde von den drei westlichen Alliierten entschieden zurückgewiesen.

* **Blockbildung:** Bezeichnung für die Entstehung und Verfestigung der nach 1945 gebildeten Bündnissysteme der USA und der UdSSR, die beide bestrebt waren, ihre Einflusszonen in einem wirtschaftlich, politisch und militärisch einheitlichen „Block" zusammenzuschweißen.

* **Blockfreie Staaten:** In der Zeit des Kalten Krieges die Gruppe derjenigen Staaten, die weder dem Ostblock noch der → NATO angehörten (wie Jugoslawien, Indien, Rotchina usw.).

* **NATO** (Abk. von North Atlantic Treaty Organization): Der „Nord-Atlantik-Pakt" wurde 1949 als ein multilaterales Verteidigungsbündnis von Staaten beiderseits des Atlantik gegründet, um den Mitgliedsstaaten Schutz vor einem eventuellen Angriff der UdSSR und ihrer Satellitenstaaten zu bieten.

* **Nukleares Patt:** Seit im Rüstungswettlauf während des Kalten Krieges sowohl die USA als auch die UdSSR Nuklearwaffen besaßen, konnte keine Seite mehr einen Angriffskrieg wagen, da sie beim Einsatz von Atomsprengköpfen mit einem vernichtenden Gegenschlag rechnen musste („Zweitschlagkapazität").

* **Satellitenstaat:** (von lat. = Begleiter): Scheinbar selbstständiger Staat, der aber weitgehend von einer Groß- oder Weltmacht abhängig ist. Als Satellitenstaat wurden in der Zeit des Kalten Krieges die Ostblockstaaten bezeichnet.

* **Stalin-Note:** Bezeichnung für den Vorschlag Stalins 1952, eine Wiedervereinigung von BRD und DDR in einem neutralen und blockfreien Gesamtdeutschland zu ermöglichen. Die Stalinnote wurde von den Westalliierten und der Regierung Adenauer als taktisches Manöver der UdSSR bewertet.

* **Supermächte:** Bezeichnung für weltweit dominierende Mächte, die gewöhnlich für die USA und die UdSSR in der Zeit des Ost-West-Konflikts gebraucht wird

* **Warschauer Pakt:** Militärbündnis der Ostblockstaaten unter Führung der UdSSR, das am 14. Mai 1955 in Warschau als Reaktion auf den NATO-Beitritt der Bundesrepublik Deutschland gegründet wurde

Die beiden deutschen Staaten 1949 bis 1989

Als 1949 aus den drei westlichen Besatzungszonen die Bundesrepublik Deutschland (BRD) hervorging, glaubte man allgemein, dass das neue Staatswesen nur ein Provisorium sei, und hoffte auf eine **Wiedervereinigung** mit der ebenfalls 1949 gegründeten DDR innerhalb weniger Jahre. So wurde auch das Grundgesetz nur als vorläufig betrachtet, da es später einer dauerhaften Verfassung eines wiedervereinigten Deutschland weichen sollte.

Schon in den 1950er-Jahren und erst recht nach dem Bau der Berliner Mauer 1961 gewöhnte man sich aber in beiden Teilen Deutschlands an die Zweistaatlichkeit. Nach dem **Grundlagenvertrag** von 1972 war die DDR auch staatsrechtlich von der BRD endgültig anerkannt. Eine Normalisierung der deutsch-deutschen Beziehungen lag im beiderseitigen Interesse. Als 1987 Erich Honecker, der DDR-Regierungschef, in Westdeutschland einen Staatsbesuch mit allen protokollarischen Ehren machte, schien die Teilung auf unabsehbare Zeit festgeschrieben.

Umso überraschender waren deshalb für die Menschen in Ost und West die Ereignisse der Jahre 1989/90, die innerhalb von zwölf Monaten zur Auflösung der DDR und zur Wiedervereinigung führten.

Die Jahre der relativen Stabilisierung

Die innere und äußere Entwicklung der BRD ist – gerade im Vergleich zu den unruhigen Verhältnissen in der Weimarer Republik – durch eine ausgesprochene **Kontinuität** und **Stabilität** gekennzeichnet. Die Festigung der jungen Demokratie, ein beispielloser **Wirtschaftsaufschwung** und die erfolgreich betriebene **Westintegration** waren die Markenzeichen der nach dem ersten Bundeskanzler benannten Ära.

Konrad Adenauer gelang es, die Bundesrepublik nachhaltig innerhalb der westlichen Demokratien zu verankern und zu den früheren Feinden freundschaftliche Beziehungen zu begründen.

Adenauer hoffte, über eine Politik der konsequenten Westintegration und des zielführenden Aufbaus eines vereinten Europa für die Bundesrepublik die Souveränität zurück zu gewinnen. Nur aus einer Position der Stärke wollte er dann auch die Wiedervereinigung erreichen. Er war sich sicher, dass die Bundesrepublik nicht zuletzt dank ihrer großen Wirtschaftskraft der DDR überlegen und deshalb für die dortige Bevölkerung sehr attraktiv sein würde. Adenauers simple Grundsatzentscheidung lautete daher: Westintegration geht vor Wiedervereinigung, oder: Erst die Freiheit, dann Friede und Ausgleich.

Infolge des Korea-Krieges (1950–1953) verbesserte sich Adenauers Verhandlungsposition außerordentlich. Jetzt war den Westalliierten die Möglichkeit einer **Wiederbewaffnung** der BRD sehr willkommen, und Adenauer konnte so bis 1955 für Westdeutschland tatsächlich die Souveränität erzielen.

Stationen der Westintegration der Bundesrepublik

- **1949: Petersberger Abkommen** mit Frankreich, Italien und den Beneluxstaaten
- **1951**: Beitritt zur **Montan-Union** (auch: EGKS = Europäische Gemeinschaft für Kohle und Stahl), der wiederum auch Frankreich, Italien und die Beneluxländer angehören
- **1951**: Die BRD wird Mitglied des **Europarats**
- **1952:** Adenauer weist die Stalin-Note, die das Angebot der Wiedervereinigung in einem allerdings neutralen Deutschland beinhaltet, zurück.
- **1952:** Vertrag über die **Europäische Verteidigungsgemeinschaft** (EVG), den Frankreich aber 1954 wieder ablehnte
- **1954:** Beitritt zur **Westeuropäischen Union** (WEU)
- **1955:** Aufhebung des **Besatzungsstatuts** und damit Wiedererlangung der **Souveränität**
- **1955:** NATO-Beitritt
- **1957:** Begründung der **Europäischen Wirtschaftsgemeinschaft** (EWG) und von EURATOM durch die sechs Mitglieder der Montan-Union in den Römischen Verträgen.
- **1963:** Deutsch-französischer **Freundschaftsvertrag**

Die Ära Adenauer ist den meisten Zeitgenossen insgesamt positiv in Erinnerung geblieben, da sie damit eine Zeit des Aufschwungs und großer Stabilität nach innen und nach außen verbinden. Bei allen Erfolgen sollten jedoch die restaurativ-konservativen Tendenzen dieser Epoche nicht übersehen werden. So blieb eine Demokratisierung der Gesellschaft weitgehend aus, eine Auseinandersetzung mit der Geschichte des „Dritten Reiches" fand nur ansatzweise statt, und die meisten Frauen lebten nach wie vor in traditionellen Rollenmustern. Allgemein war die politische Kultur autoritativ geprägt. Viele Deutsche wandten sich lieber dem Wiederaufbau und dem sich anbietenden Konsum zu als der Politik. Insofern waren die 1950er-Jahre in kultureller Hinsicht durchaus eine biedermeierliche Zeit.

Welche innenpolitischen Leistungen machten Adenauer populär?

- der Aufbau eines funktionstüchtigen und effektiven **demokratischen Staatswesens**
- der erstaunlich rasche **Wiederaufbau** und das von kaum jemandem für möglich gehaltene Wirtschaftswunder mit konstant hohem Wirtschaftswachstum und einer sehr aktiven Handelsbilanz
- die fast vollständige **Beseitigung der Arbeitslosigkeit** bis Ende der 1950er-Jahre
- die äußerst **niedrige Staatsverschuldung** und die sehr geringe Inflation
- die Errichtung eines leistungsfähigen **Sozialstaats** mit einem dichten Netz von Leistungen zugunsten der sozial Schwachen
- die auch in Krisenzeiten belastbare **Sozialpartnerschaft** zwischen Arbeitgebern und Gewerkschaften, die zu rasch wachsenden Gewinnen der Unternehmer und ebenfalls zu rasch steigenden Löhnen der Arbeitnehmer und Angestellten führte
- die Integration von rund 13 Millionen Vertriebenen aus den deutschen Ostgebieten und der DDR

Der eher unpolitische Einstellung vieler Menschen kam Adenauer damals mit der von ihm geprägten **„Kanzlerdemokratie"** entgegen. Anfang der 1960er-Jahre hatte sich diese Ära jedoch überlebt. Der notwendige Wechsel zu einer anderen Politik und einem anderen Politikstil begann bereits unter Adenauers Nachfolger Ludwig Erhard, der allerdings an der ersten wirtschaftlichen Rezession der Nachkriegszeit scheiterte.

Zur Behebung der Krise, in deren Gefolge die Zahl der Arbeitslosen mit ca. einer halben Million auf für damalige Verhältnisse ungewohnt hohe Werte stieg, wurde eine **Große Koalition** unter Kurt Georg Kiesinger (CDU) als Bundeskanzler mit der aufwärts strebenden SPD gebildet, die in Willy Brandt den Außenminister und Vizekanzler stellte.

In dieser „Vernunftehe", die überraschend erfolgreich arbeitete, stellte die SPD ihre Regierungstauglichkeit eindrucksvoll unter Beweis. Der 1969 erfolgte Regierungswechsel wurde dadurch vorbereitet.

Die sozialliberale Koalition

Durch die **Studentenunruhen** von 1967/68 kam dann ein gesellschaftlicher Wandel in Gang, der 1969 zum entscheidenden Regierungswechsel führte. Die neue sozialliberale Koalition aus SPD und FDP sah sich unter Willy Brandt, der nun Bundeskanzler geworden war, dem Motto **„Mehr Demokratie wagen"** verpflichtet. Von einer breiten Aufbruchstimmung getragen, begann die neue Regierung einen entschiedenen Kurswechsel sowohl in der Innen- als auch in der Außenpolitik.

Mit ihrer **„Neuen Ostpolitik"** bemühte sich die Regierung Brandt/Scheel um eine Verständigung mit der UdSSR und den Warschauer-Pakt-Staaten. Im Rahmen ihres Konzepts **„Wandel durch Annäherung"** kam es so 1970 zum Moskauer Vertrag mit der UdSSR und 1971 zum Warschauer Vertrag mit Polen, in dem von der Bundesrepublik endgültig die Oder-Neiße-Grenze als Westgrenze Polens anerkannt wurde. Zur weiteren Normalisierung der Beziehungen zwischen Ost und West wurde ferner 1972 der Grundlagenvertrag mit der DDR abgeschlossen, in dem die DDR als eigenständiger Staat anerkannt wurde. Dadurch wurden menschliche Erleichterungen vor allem im Reiseverkehr möglich.

Innenpolitisch setzte unter Brandt eine intensive **Demokratisierung der Gesellschaft** ein, die sich auf Schulen (SMV) und Universitäten, die Bundeswehr (Konzept der „Inneren Führung") sowie auf Betriebe und Behörden (Reform des Betriebsverfassungsgesetzes, um „Mehr Mitbestimmung" zu ermöglichen) auswirkte. In dieselbe Richtung zielten das veränderte Ehe- und Familienrecht (neues Scheidungsrecht und Stärkung der Rechte der Frau und der Kinder), der Ausbau des Sozialstaats (BAFöG für Kinder aus sozial schwachen Familien, Erhöhung der Sozialhilfe, Unterstützung für Alleinerziehende etc.), die Begründung des Umweltschutzes und nicht zuletzt die neue Bildungspolitik (Chancengleichheit, Einrichtung von Gesamtschulen, Entwicklung veränderter Lehrpläne unter besonderer Berücksichtigung gesellschaftskritischer Fragestellungen und Inhalte). Alle diese Vorhaben waren jedoch kostspielig. So kam es zu einer beträchtlichen Verschuldung der Bundesrepublik. Die finanzielle Lage verschärfte sich durch die erste Ölkrise 1973 und durch die dadurch verursachte neuerliche Rezession, in deren Gefolge die Arbeitslosigkeit erstmals über eine Million stieg.

Nachdem Willy Brandt 1972 triumphal bei den Bundestagswahlen gewonnen hatte, wirkte er schon bald danach amtsmüde und führungsschwach. Sein Rücktritt erfolgte 1974, nachdem sein persönlicher Referent Günter Guillaume als DDR-Spion enttarnt worden war.

Brandts Nachfolger wurde Helmut Schmidt (SPD), der die sozialliberale Koalition fortsetzte. Mit Brandt war auch die Reformeuphorie verflogen, und eine allgemeine Ernüchterung setzte ein. Dem trug Schmidts nüchterner **Pragmatismus** Rechnung: Als Krisenmanager musste er die Bundesrepublik durch eine schwierige Zeit steuern. Der Terrorismus der RAF, die wirtschaftliche Stagnation mit einer nach wie vor recht hohen Arbeitslosigkeit, ökologische Probleme und die Frage der Stationierung neuer strategischer Raketen in der Bundesrepublik waren die größten Herausforderungen Schmidts, der 1982 durch ein **konstruktives Misstrauensvotum** gestürzt wurde.

Neuer Bundeskanzler wurde Helmut Kohl (CDU). Er führte fortan mit der FDP, die die Seiten gewechselt hatte, eine christlichliberale Koalition. Erstaunlicherweise stand die **Außenpolitik** Kohls im Zeichen großer **Kontinuität**: Nachdem die Unionsparteien in den 1970er-Jahren die Ostpolitik Brandts noch vehement bekämpft hatten, akzeptierten sie jetzt die geschaffenen Tatsachen und respektierten die Ostverträge.

In der **Wirtschafts- und Haushaltspolitik** vollzog die Regierung Kohl hingegen einen **Kurswechsel** und betrieb u. a. durch Kürzungen im Sozialbereich eine moderate Sparpolitik. Dadurch kam es ebenso wie durch die sinkenden Ölpreise und die Erholung der Weltwirtschaft zu dem erhofften konjunkturellen Aufschwung mit immensen Exportüberschüssen. Dennoch gelang es nicht, die **Arbeitslosigkeit** nennenswert zu senken. Vielmehr verharrte sie im gesamten Zeitraum der 1980er-Jahre auf einem konstant hohen Niveau von rund zwei Millionen und wurde zum strukturellen Dauerproblem der Bundesrepublik.

Allgemein verband Kohl mit dem Regierungswechsel den Anspruch einer „geistig-moralischen Wende". Von Aufbruchstimmung oder auch nur von einer Rückbesinnung auf abendländisch-christliche oder konservative Werte konnte indes keine wirkliche Rede sein. Eher setzten sich gesellschaftliche Trends ungebrochen fort, die um 1968 begonnen hatten, denn auch wenn die Spannkraft und Fantasie der gerne glorifizierten 1968er-Generation längst verflogen waren, dauerte die allgemeine Liberalisierung an, die sich auf alle Lebensbereiche auswirkte. Die Regierung Kohl leistete dem sogar noch Vorschub, indem sie private Fernsehsender zuließ und damit die moderne **Mediengesellschaft** ermöglichte.

Dadurch entwickelte sich tendenziell gerade die von den Konservativen abgelehnte „Spaßgesellschaft", in die infolge eines tiefgreifenden Wertewandels die früheren „deutschen" Sekundärtugenden zunehmend von Selbstverwirklichungswerten und hedonistischen Einstellungen verdrängt wurden. Trotzdem verwandelte sich Deutschland nicht in den von Kohl befürchteten „Freizeitpark", denn allen Anfechtungen zum Trotz blieb die Produktivität der deutschen Wirtschaft im weltweiten Vergleich hoch.

Was die **Wiedervereinigung** anbetraf, war sie als Thema längst von der Tagesordnung verschwunden. Stillschweigend ging man in Ost und West davon aus, dass sie auf unabsehbare Zeit aufgeschoben war. Auch als in der Sowjetunion dank Michail Gorbatschow eine allgemeine Reformbereitschaft einsetzte, änderte sich diese Einschätzung erstaunlicherweise nicht. So erklärte Erich Honecker noch 1989 frohgemut, dass die DDR nun in ihr fünftes Jahrzehnt trete. Und in der Bundesrepublik betonte etwa Bundesminister Wolfgang Schäuble wenige Monate vor dem Mauerfall, dass die DDR trotz gewisser Schwierigkeiten keinesfalls vor dem Zusammenbruch stehe. Ausdrücklich warnte er vor „euphorischen Illusionen".

Der Gang der sich überstürzenden Ereignisse in den folgenden Monaten sollte die Politiker und die Menschen in beiden Teilen Deutschlands vor ungeahnte Überraschungen stellen – und die Welt in Folge der dadurch ausgelösten gewaltigen Veränderungen den Atem anhalten lassen.

Die deutschen Bundeskanzler von 1949 bis 2005		
Amtszeit	**Bundeskanzler**	**Regierungskoalition**
1949–1963	Konrad Adenauer	CDU/CSU, FDP, zeitweise mit weiteren Koalitionspartnern wie der DP (= Deutsche Partei), BHE (= Bund der Heimatvertriebenen) und der FVP (= Freie Volkspartei)
1963–1966	Ludwig Erhard	CDU/CSU, FDP
1966–1969	Kurt Georg Kiesinger	CDU/CSU, SPD
1969–1974	Willy Brandt	SPD, FDP
1974–1982	Helmut Schmidt	SPD, FDP
1982–1998	Helmut Kohl	CDU/CSU, FDP
1998–2005	Gerhard Schröder	SPD, Bündnis 90/Grüne

Die Entwicklung der DDR von 1949 bis 1989

Wenige Monate nach der Gründung der Bundesrepublik Deutschland
ging aus der SBZ (Sowjetische Besatzungszone) unter Aufsicht der UdSSR
die **Deutsche Demokratische Republik** hervor. Präsident wurde Wilhelm
Pieck, Ministerpräsident war Otto Grotewohl, doch der eigentliche starke
Mann des neuen Staates war Walter Ulbricht, seit 1950 Generalsekretär
der SED und seit 1960 auch Vorsitzender des Staatsrats.

Die DDR verstand sich von ihrer Gründung an als **Gegenentwurf** der
nach Westen orientierten BRD, der sie vorwarf, von Nazis und Kapita-
listen bestimmt zu werden, die als Statthalter des US-Imperialismus in
Europa fungierten. In der eigenen Selbsteinschätzung sah sich die DDR
als erster deutscher **sozialistischer Arbeiter- und Bauernstaat** und
zählte sich zum „Friedenslager" der östlichen Bruderstaaten, die gegen
Faschismus und Kapitalismus ankämpften.

Der „real existierende Sozialismus" sah allerdings anders aus. Das er-
sehnte Paradies der Werktätigen litt von Beginn an unter einer ökonomischen Dauerkrise und unter einem fühlbaren Rückstand gegenüber dem
Westen, der sich, statt abzunehmen, eher von Jahr zu Jahr noch vergrößerte. Zu den wirtschaftlichen Schwierigkeiten, die eng mit der Zentralverwaltungswirtschaft zusammenhingen, kamen große innenpolitische
Probleme, die sich besonders am **17. Juni 1953** zeigten, als Arbeiter
überall in der DDR gegen Normerhöhungen protestierten. Die Antwort
der SED-Spitze waren sowjetische Panzer, die mit Gewalt die Demonstrationen auflösten.

Damit hatte die Regierung viel Kredit in der Bevölkerung verspielt. Sie
musste sich von nun an den Vorwurf gefallen lassen, dass sie eine sozialistische Diktatur gegen das Volk errichtete. Eine Folge dieser Einparteienherrschaft war ein andauernder Strom von Flüchtlingen: So verließen
bis 1961 rund 2,6 Millionen Menschen die DDR.

Um diese stete Abwanderung zu stoppen, ließ die DDR-Regierung unter
Ulbricht in der Nacht auf den 13. August 1961 die **Berliner Mauer** errich-
ten. An der innerdeutschen Grenze wurde in der Folgezeit ein vielfach
geschützter Todesstreifen mit Minenfeldern und Selbstschussanlagen
installiert, der Flucht fast unmöglich machte. Damit war die deutsche
Teilung unübersehbar zementiert, und die DDR-Führung hoffte, hinter
Mauer und Stacheldraht ungestört von westlichen Einflüssen den Aufbau
und Erhalt ihres Staatswesens bewerkstelligen zu können.

Welche Merkmale kennzeichneten die DDR?

* allumfassender **Führungsanspruch der SED** in Staat, Wirtschaft und Gesellschaft
* Ausschaltung von Opposition und Andersdenkenden
* Mithilfe des Prinzips des **Demokratischen Zentralismus** erfolgte die Willensbildung in Partei und Staat strikt von oben nach unten.
* Schutz der Einparteienherrschaft durch den allgegenwärtigen **Überwachungsapparat** der „Staatssicherheit" („Stasi")
* sozialistische Gesetzgebung, die nicht überparteilich war, sondern der Machtsicherung der Partei diente
* **Planwirtschaft** und zentrale Lenkung bestimmten die Volkswirtschaft der DDR, deren Produktion in allen Bereichen Mehrjahresplänen der Partei unterworfen war.
* Massenmobilisierung der Bevölkerung in zahllosen Verbänden und Organisationen
* Propaganda und Agitation bestimmten den Inhalt der Massenmedien, die von linientreuen Parteimitgliedern geführt und kontrolliert wurden.
* Die DDR gehörte zum von der UdSSR dominierten Ostblock: 1950 trat sie dem **„Rat für gegenseitige Wirtschaftshilfe"** (RGW) bei, 1955 dem **Warschauer Pakt**, in dessen Militärbündnis sie 1956 mit dem Aufbau der **„Nationalen Volksarmee"** (NVA) begann.

Wie von der SED erhofft, trug der **Mauerbau** zur **inneren Stabilisierung** der DDR bei und verhinderte ein weiteres Ausbluten. Zugleich verstärkte er in der Bevölkerung aber auch das Gefühl einer erzwungenen Abgeschlossenheit, was bei vielen Menschen zu Resignation und Rückzug ins Privatleben führte.

Außenpolitisch endete in der Zeit nach dem Mauerbau paradoxerweise die vorherige Isolation, zumal sich im Rahmen der von der Sowjetunion begrüßten **Entspannungspolitik** ein friedliches Nebeneinander der beiden deutschen Staaten ergab, das weltweit zur Anerkennung der DDR führte.

1968 hatte sich die DDR eine neue Verfassung gegeben, in der sie sich als sozialistischer Staat „unter der Führung der Arbeiterklasse und ihrer marxistisch-leninistischen Partei" definierte. 1974 wurde in der Verfassung zudem die „unwiderrufliche Bindung an die Sowjetunion" festgeschrieben.

1971 löste Erich Honecker Ulbricht als Generalsekretär und starker Mann der DDR ab. Der **erhoffte Kurswechsel** erwies sich jedoch von kurzer Dauer, denn ab Mitte der 1970er-Jahre schlug der SED-Staat mit Repressalien gegen regimekritische Künstler und Schriftsteller zurück. Symbol hierfür wurde 1977 die Zwangsaussiedlung des Liedermachers Wolf Biermann, der nach einem Konzert in Köln nicht wieder in die DDR zurückkehren durfte.

Damit begann für die Bevölkerung eine Phase neuerlicher Resignation, die sich durch die verschärfende **Versorgungskrise** zu allgemeiner Frustration steigerte. Außerdem geriet die DDR in den 1980er-Jahren zunehmend in Zahlungsschwierigkeiten und stand am Rande des Staatsbankrotts. Trotz alledem erwies sich die Staatsführung als gänzlich **reformresistent**. Sie hielt auch dann noch an den etablierten Strukturen fest, als in der UdSSR dank Michail Gorbatschow ein genereller Kurswechsel hin zu einer Reform des Sozialismus eingeleitet wurde.

Was war wichtig in der Geschichte der DDR?

- **7. Okt. 1949:** Gründung der DDR
- **1950:** Beitritt zum RGW, dem Wirtschaftsbündnis der Ostblockstaaten
- **17. Juni 1953: Volksaufstand** und Demonstrationen in über 100 Städten
- **1955:** Beitritt zum **Warschauer Pakt**
- **13. Aug. 1961:** Beginn des Baus der Berliner Mauer und hermetische Abriegelung der gesamten DDR
- **1968:** neue DDR-Verfassung
- **1970:** Treffen von Willy Brandt mit dem DDR-Ministerpräsidenten Willi Stoph in Erfurt und Kassel
- **1971:** Erich Honecker löst Walter Ulbricht ab.
- **1972: Grundlagenvertrag** zwischen den beiden deutschen Staaten, in dem die Unverletzlichkeit der Grenzen und die Gleichberechtigung der DDR anerkannt werden
- **seit 1975:** trotz der Versprechungen auf der KSZE-Konferenz vermehrte Repressionen gegen Kritiker und Künstler
- **1987:** Der Besuch Honeckers in der Bundesrepublik Deutschland erweckt den Eindruck einer endgültigen Zementierung der deutschen Teilung.

ZENTRALE BEGRIFFE ZU DEN BEIDEN DEUTSCHEN STAATSSYSTEMEN 1949–1990

* **Demokratie:** In der Demokratie der Antike stimmten die männlichen Bürger der jeweiligen Stadt direkt über die Gesetze ab. Im Gegensatz zu dieser Form der direkten Demokratie entwickelte sich die moderne repräsentative Demokratie. Hier wählen die Staatsbürger auf befristete Zeit die Abgeordneten, die dann über die Gesetze beschließen. Man spricht deshalb von indirekter Demokratie.

* **Demokratischer Zentralismus:** Organisationsprinzip der kommunistischen Parteien, wonach Beschlüsse und Anordnungen der höheren Organe für alle niedrigeren Ebenen absolut verbindlich sind. Delegierte werden zwar gewählt, aber zur Wahl stehen nur Personen, die von der Parteispitze aufgestellt werden.

* **Marktwirtschaft:** Wirtschaftsordnung, in der Umfang und Qualität der Produktion sowie die Verteilung der Güter über den Markt und die freie Preisbildung erfolgen. Freier Wettbewerb, die Rolle des Staates als Schiedsrichter (und nicht als Unternehmer) und die durchgängige Gültigkeit des Gesetzes von Angebot und Nachfrage sind wesentliche Kennzeichen einer Marktwirtschaft (Gegenbegriffe: → Plan-, Zentralverwaltungs- und Lenkungswirtschaft).

* **Planwirtschaft** (auch: Lenkungswirtschaft und Zentralverwaltungswirtschaft): Gegenbegriff zur Marktwirtschaft als Bezeichnung für eine Wirtschaftsordnung, in der eine zentrale Planungsbehörde Mehrjahrespläne für die Produktion der Volkswirtschaft aufstellt und die Einhaltung des für jeden Teilbereich vorgegebenen Plansolls kontrolliert.

* **Rechtsstaat:** Staatswesen, in dem die Macht des Staates vom Recht bestimmt ist und durch das Recht eingegrenzt wird. Im Rechtsstaat sind alle staatlichen Organe dem geltenden Recht verpflichtet und der unabhängigen Gerichtsbarkeit unterworfen. Der Einzelne genießt im Rechtsstaat durch garantierte Grundrechte Rechtssicherheit.

* **Soziale Marktwirtschaft:** Wirtschaftsordnung, die auf der Basis einer Wettbewerbsordnung die freie Privatinitiative und den Leistungsgedanken mit sozialer Verantwortung und dem Schutz der sozial Schwächeren verbindet.

* **Volksdemokratie:** Selbstbezeichnung für die sozialistischen Herrschaftssysteme in Ostmitteleuropa zwischen 1945 und 1989/90. Äußerlich waren diese Staaten demokratisch, de facto wurden sie aber von der jeweiligen kommunistischen Partei dominiert, sodass von einer Einparteienherrschaft zu sprechen ist.

Die europäische Integration

Der Europagedanke vor und nach 1945

Auch wenn Ideen für eine Überwindung der Zersplitterung Europas bis weit ins Mittelalter zurückreichen, bedurfte es der Katastrophe des Ersten Weltkriegs, um konkrete Pläne für eine **Staatengemeinschaft**, die auch ein Friedensinstrument sein sollte, entstehen zu lassen. So vereinigten sich besonders in der „Paneuropa"-Bewegung Politiker aus verschiedenen Ländern unter Führung des Grafen Richard von Coudenhove-Kalergi, um den „Zusammenschluss aller demokratischen Staaten Kontinentaleuropas zu einer internationalen Gruppe" zu fordern.

In eine ähnliche Richtung zielten die Bestrebungen des französischen Außenministers Aristide Briand, der 1929 vor dem Völkerbund die Idee einer **Zoll- und Wirtschaftsunion** in Form der **„Vereinigten Staaten von Europa"** entwickelte. Ähnliche Pläne vertrat in derselben Zeit der deutsche Außenminister Gustav Stresemann, der schon damals an eine „europäische Münze" und eine „europäische Briefmarke" dachte.

Während des „Dritten Reiches" gerieten solche Vorstellungen zwar wieder in den Hintergrund, doch der Zweite Weltkrieg zeigte dann um so unerbittlicher, dass die Völker Europas nur durch eine politische und wirtschaftliche Integration zu einem friedlichen Zusammenleben finden konnten. Vor allem die Widerstandsgruppen fast aller besetzten Länder waren sich darin einig, dass eine Integration Europas für die weitere Zukunft des alten Kontinents absolut notwendig war. So kam es innerhalb des Widerstands 1944 in Paris zu einer **„Deklaration über die europäische Zusammenarbeit"**, in der der Verzicht nationalstaatlicher Souveränität als Voraussetzung einer zukünftigen Friedensordnung gefordert wurde.

Nach Kriegende forderten 1946 Föderalisten aus ganz Europa, die sich in der Schweiz getroffen hatten, im **„Hertensteiner Programm"** einen **europäischen Bundesstaat**, dem auch ein demokratisiertes Deutschland und die Länder Ost- und Südosteuropas angehören sollten. 1948/49 bildete sich dann aus Gruppierungen verschiedener politischer Richtungen die „Europäische Bewegung", die fortan die Einigungsidee vertrat.

Welche Ziele und Ideen umfasst der Europagedanke?

→ **Friedenssicherung** nach innen und außen

→ Abbau von Zollschranken und Handelshemmnissen zur Bildung eines gemeinsamen Binnenmarktes

→ Errichtung einer **Währungsunion** mit einheitlichem Geld

→ Aufhebung der zwischenstaatlichen Grenzen und Grenzkontrollen

→ schrittweise Abgabe von nationaler Souveränität zugunsten supranationaler Institutionen

→ Erarbeitung einer **Europäischen Verfassung**, die auf liberal-demokratischen Grundsätzen fußt

→ Bildung einer **politischen Union** in Form eines Staatenbundes oder sogar eines Bundessstaats

→ Entwicklung einer eigenen Verteidigungs-, Außen- und Sicherheitspolitik

→ Angleichung der Sozialsysteme, der Steuersätze und des Rechts

→ kulturelle Annäherung und intensiver Austausch zwischen den verschiedenen Völkern Europas

→ Entwicklung von Austauschprogrammen und Begegnungsmöglichkeiten für junge Menschen

→ Förderung einer engen wissenschaftlichen und technologischen Zusammenarbeit, vor allem in der Grundlagenforschung und bei kostenaufwendigen Zukunftsprojekten

→ Entwicklung einer gemeinsamen **Umweltpolitik**, um die globalen ökologischen Herausforderungen bewältigen zu können

Der in einen Stier verwandelte Zeus und Europa, die kretische Prinzessin, stehen sinnbildlich für die Idee der europäischen Integration.

Die Europäische Integration bis 1989

Die großen Hoffnungen, die auf eine baldige Realisation all dieser Wünsche zielten, wurden nach 1945 enttäuscht, da der beginnende Kalte Krieg Europa durch den **„Eisernen Vorhang"** trennte. Die Teilung in West- und Osteuropa und die Blockbildung ließen alle Erwartungen hinsichtlich einer raschen Einigung in weite Ferne rücken. Dennoch geriet die Europaidee keineswegs in Vergessenheit. Vielmehr blieb sie auch zu Zeiten des Ost-West-Gegensatzes stets präsent: Der zügigen vor allem wirtschaftlichen Westintegration entsprach dabei in gewisser Weise der Zusammenschluss der Ostblockstaaten, der freilich unter der Vormundschaft der Sowjetunion erfolgte.

Die furchtbaren Erfahrungen des Zweiten Weltkriegs hatten vor allem in West- und in Mitteleuropa zu einem Erstarken der Europa-Bewegung geführt. So wurden 1948 die **Organization for European Economic Cooperation** (OEEC mit Sitz in Paris) gegründet und 1949 der **Europarat**, der in Straßburg angesiedelt wurde. Letzterer hatte die Aufgabe, den wirtschaftlichen und sozialen Fortschritt zu fördern sowie Menschenrechte und Demokratie europaweit zu verankern. Der Europarat sollte vor allem auch die politische Integration vorantreiben. Da der Europarat aber nur Empfehlungen an die Regierungen aussprechen konnte und keine Beschlüsse fassen durfte, blieb er vorerst ohne sonderliche Wirkung.

Ungleich erfolgreicher waren die Bemühungen um eine beschleunigte wirtschaftliche Integration. Sie führten schon 1951 auf Vorschlag des damaligen französischen Außenministers Robert Schuman zur Begründung der sogenannten **„Montanunion**. Dieser auch als „Europäische Gemeinschaft für Kohle und Stahl" (EGKS) bezeichnete wirtschaftliche Zusammenschluss bezweckte eine enge Kooperation bei Schlüsselindustrien wie Bergbau und Stahlproduktion verschiedener Länder. Auf diese Art sollte die Kriegführung zwischen den Mitgliedsländern unmöglich gemacht werden. Gründungsmitglieder der EGKS waren neben Frankreich und der Bundesrepublik Deutschland auch Italien und die Beneluxstaaten.

Da die Montanunion sehr erfolgreich war, entschieden sich die sechs Gründungsstaaten 1957 zum nächsten Schritt, indem sie in den Römischen Verträgen die Gründung der **„Europäischen Wirtschaftsgemeinschaft"** (EWG) beschlossen. Mit dem Wegfall aller Zollschranken innerhalb von zehn Jahren sollte mit der Zeit ein gemeinsamer Binnenmarkt entstehen.

Außerdem hofften die Europapolitiker, dass über die wirtschaftliche Annäherung auch die allmähliche politische und kulturelle Integration erfolgen würde. Außerdem hoffte man, dass von der EWG eine positive Signalwirkung auf andere Staaten ausgehen würde.

Dies war in der Tat der Fall, denn bereits in den 1960er-Jahren gab es erste Beitrittsverhandlungen mit Staaten, die sich der **EFTA**, der **europäischen Freihandelszone**, angeschlossen hatten, nun aber um eine Aufnahme in die inzwischen in **EG** umbenannte **Europäischen Gemeinschaft** baten. So kam es 1973 zur „Westerweiterung". Hier trat neben Dänemark und Irland auch das europaskeptische Großbritannien bei. Dies bedeutete für die EG einen großen Prestigeerfolg.

Woraus resultiert(e) die große Anziehungskraft der EG?

- Die EU bietet einen riesigen **Binnenmarkt** ohne Zollschranken und Handelshemmnisse.
  - → Sie erleichtert dadurch Handel und Transport, begünstigt die Massenproduktion und wirkt in Not- und Krisenzeiten wie eine riesige Versicherung.
- Die Europäische Integration hat **positive Arbeitsmarkteffekte**.
- Die **Gemeinschaftswährung** wirkt wirtschaftlich und finanziell stabilisierend.
- Die EU bietet wirtschaftlich schwächeren Ländern und Regionen erhebliche **finanzielle Unterstützung** und Anreize zur gezielten Verbesserung der Infrastruktur und zur langfristigen Angleichung des Lebensstandards.
- Sie eröffnet vielfältige Gelegenheiten von **Bildungstransfers** und kulturellem Austausch.
- Sie ermöglicht die allmähliche **Angleichung von Rechtsnormen** und **sozialen Standards**.
- Sie erlaubt eine engere **polizeiliche Zusammenarbeit**.
- Nicht zu vergessen ist schließlich die **friedenssichernde Leistung** der EU und ihre Stärke im weltweiten Wettbewerb.

Nach der reibungslos gelungenen Westerweiterung glückte der EG in den 1980er-Jahren auch die „Süderweiterung", in deren Verlauf die früheren Militärdiktaturen und wirtschaftlich eher schwachen Volkswirtschaften Griechenland (1981), Spanien und Portugal (beide 1986) aufgenommen wurden. Durch die Südintegration und durch die Umwälzungen der Jahre 1989/90 ergaben sich für die EG ganz neue Möglichkeiten und Herausforderungen, die in den 1990er-Jahren angegangen wurden.

Große Europäer seit 1945

- **Konrad Adenauer**, 1876–1967, dt. Bundeskanzler 1949–1963, Mitbegründer der EGKS und der EWG, entschiedener Verfechter einer dt.-frz. Freundschaft
- **Alcide de Gasperi**, 1881–1954, ital. Ministerpräsident von 1945–1954, Vorkämpfer der wirtschaftl. und polit. Integration Europas
- **Robert Schuman**, 1886–1963, frz. Außenminister 1948–1952, Mitbegründer der EGKS, setzte sich entschieden für die europäische Einigung und eine Aussöhnung mit Deutschland ein
- **Jean Monnet**, 1888–1979, frz. Wirtschaftspolitiker, 1952–1955 Vorsitzender der Montanunion, begründete 1955 ein „Aktionskomitee für die Vereinigten Staaten von Europa"
- **Charles de Gaulle**, 1890–1970, frz. Präsident 1958–1969, war für ein „Europa der Vaterländer" und die Aussöhnung mit Deutschland
- **Paul Henri Spaak**, 1899–1972, wiederholt belgischer Außenminister, leitete 1950–1955 den Internationalen Rat der Europäischen Bewegung
- **François Mitterand**, 1916–1996, frz. Präsident 1981–1995, setzte sich mit Helmut Kohl für die Festigung der EG und den Euro ein
- **Helmut Schmidt**, 1918–2015, dt. Bundeskanzler 1974–1982, festigte mit Giscard d`Estaing die EG in schwierigen Zeiten
- **Jacques Delors**, geb. 1925, Präsident der EG-Kommission 1985–1995, „Mister Euro"
- **Valéry Giscard d`Estaing**, geb. 1926, frz. Präsident 1974–1981, Vordenker der EU-Verfassung
- **Helmut Kohl**, 1930–2017, dt. Bundeskanzler 1982 –1998, setzte sich für den Euro sowie für den Ausbau und die Erweiterung der EU ein.

Die Europaidee erlebte seit 1989/90 nach der Auflösung des Ostblocks eine Renaissance, zumal ja einige Visionen des frühen 20. Jahrhunderts inzwischen Wirklichkeit geworden waren.

Dabei stellte sich in der EU nach der in vielen aber nicht allen Bereichen gelungenen Realisierung der wirtschaftlichen Einheit zunehmend die Frage nach der **politischen Integration**, die fortan zur Hauptaufgabe der Europäischen Integration im 21. Jahrhundert geworden ist.

ZENTRALE BEGRIFFE ZUR EUROPÄISCHEN INTEGRATION

* **EFTA** (= European Free Trade Association): Europäische Freihandelszone von westeuropäischen Staaten, die nicht der EWG angehörten. 1960 gegründet, büßte die EFTA nach dem Übertritt Großbritanniens, Irlands und Dänemarks in die EG 1973 an Bedeutung ein.
* **EG** (= Europ. Gemeinschaft): 1967–1993 Sammelbezeichnung für die EWG, EURATOM und die EGKS; seit 1993 umbenannt in EU.
* **EGKS** (= Europäische Gemeinschaft für Kohle und Stahl, sonst auch: Montanunion), 1951 gegründeter Vorläufer der EWG mit der Bundesrepublik Deutschland, Frankreich, Italien und den Beneluxländern als Gründungsmitgliedern
* **Euratom** (= Europäische Gemeinschaft): 1967–1993 Sammelbezeichnung für die EWG, EURATOM und die EGKS; seit 1993 umbenannt in EU
* **Europäisches Parlament:** Supranationale Legislative der EG/EU mit Sitz in Straßburg. Die Abgeordneten des Europäischen Parlaments werden seit 1979 auf jeweils fünf Jahre gewählt.
* **Europarat:** 1949 mit Sitz in Straßburg gegründeter loser Zusammenschluss von mittlerweile 47 europäischen Staaten zur Intensivierung engerer Beziehungen und zur Durchsetzung von Demokratie und Menschenrechten in ganz Europa.
* **EU** (= Europäische Union): Seit dem Inkrafttreten des Vertrags von Maastricht 1993 bezeichnet sich die frühere EG als EU: Damit dokumentierten die Mitgliedsstaaten den Willen, eine immer engere politische Union anzustreben.
* **EWG** (= Europäische Wirtschaftsgemeinschaft): 1957 in den Römischen Verträgen gegründeter Zusammenschluss der sechs Staaten der EGKS zum Zweck der wirtschaftlichen Integration und der Schaffung eines zollfreien gemeinsamen Binnenmarktes.
* **Montanunion** (von lat. = den Bergbau und das Hüttenwesen betreffend): Alternative Bezeichnung für den 1951 gegründeten gemeinsamen Markt für Kohle und Stahl; EGKS
* **Römische Verträge:** Bezeichnung für die am 25. März 1957 feierlich in Rom unterzeichneten Verträge über die Gründung der EWG und von Euratom.
* **Supranational:** Bezeichnung für überstaatliche Organisationen und Institutionen, die eigenständig bindende Beschlüsse fassen dürfen, da die beteiligten Staaten einen Teil ihrer Souveränität an sie abgetreten haben. Der Begriff supranational wird vor allem auf die EU angewendet.

Der Zusammenbruch des Ostblocks

Mit der Ernennung von Michail Gorbatschow zum Generalsekretär der KPdSU und damit zum mächtigen Mann in Moskau kam es in der UdSSR zu einer grundlegenden und so von niemandem erwarteten **Wende in der Innen- und Außenpolitik der Sowjetunion**, die den Westen immer wieder neu erstaunte und unter Zugzwang setzte.

Gorbatschow wollte als Vertreter einer neuen Generation innenpolitische Reformen und eine allmähliche Liberalisierung der erstarrten Sowjetgesellschaft. Dabei war ihm klar, dass sich die UdSSR ein weiteres Wettrüsten nicht mehr leisten konnte. Auch deshalb machte er der NATO immer wieder neue Abrüstungsofferten und veranlasste 1989 den Abzug der sowjetrussischen Truppen aus Afghanistan.

Gorbatschows „neues Denken" – **Offenheit für Kritik („Glasnost")** und der Bereitschaft für echte **Veränderungen („Perestroika")** – eröffnete die Möglichkeiten einer qualitativ veränderten Form von Entspannungspolitik. Dies griffen die westlichen Regierungschefs nach einigem Zögern auf. Damit begann eine noch kurz zuvor nicht für möglich gehaltene Wende in den Ost-West-Beziehungen. 1989 gab Gorbatschow die Breschnew-Doktrin auf und hob damit das bis dahin in den Staaten des Warschauer Pakts geltende Interventionsrecht der UdSSR auf. Mit Verzicht auf den Moskauer Führungsanspruch gab er den Weg frei für eine selbstständige Entwicklung der bisherigen Satellitenstaaten, die sich so aus ihrer bislang bestehenden Abhängigkeit befreien konnten.

Der dadurch ausgelöste epochale Wandel führte innerhalb von nur zwei Jahren zum **Sturz der kommunistischen Regime** überall in Ostmitteleuropa und zur **Auflösung der UdSSR**. Damit brach der von der Sowjetunion seit 1945 dominierte Ostblock vollständig in sich zusammen. Auch das Zeitalter des Kalten Krieges ging so überraschend schnell und noch dazu gänzlich unblutig zu Ende.

1990/91 begann als ein Jahrzehnt großer Hoffnungen, denn das Ende des Ost-West-Konflikts schien für die ganze Menschheit inner- und außerhalb Europas eine friedliche Zukunft einzuläuten.

Nicht wenige Anhänger des westlichen Gesellschafts- und Wirtschaftsmodells glaubten sogar, dass sich die Überlegenheit von Demokratie und Marktwirtschaft so deutlich erwiesen hätten, dass es nur noch eine Frage der Zeit sein würde, bis sie sich weltweit durchsetzen.

Wende und Wiedervereinigung in Deutschland 1989/90

Knapp vier Jahrzehnte nach der Begründung zweier deutscher Staaten glaubten nur noch die wenigsten in Deutschland an eine Wiedervereinigung in naher Zukunft. Daher kam die **Wende** in der DDR für die meisten Menschen in Ost und West völlig **überraschend**. Es überschlugen sich die Ereignisse mit vorher unvorstellbarer Geschwindigkeit. Sie entwickelten eine Dynamik, die allen Beteiligten ein hohes Maß an Flexibilität abverlangte. Dies war allerdings der vergreisten Spitze in der DDR nicht mehr möglich, sodass sie von einer Lawine überrollt wurden, die, einmal in Gang gekommen, nicht mehr zu stoppen war.

Wodurch kam es zur Wende in der DDR?

* Die SED-Spitze hatte die Zeichen der Zeit nicht erkannt und vertrat weiterhin **überholte Konzepte**, die seit Gorbatschows Regierungsantritt gänzlich obsolet geworden waren.
* Der **fehlende Rückhalt** der DDR-Führung **in Moskau** und die mangelnde Unterstützung durch die Rote Armee ermutigten die Oppositionellen.
* Die **Aufbruchstimmung** in Polen und Ungarn wirkte ansteckend, wobei der ungarischen Grenzöffnung besondere Bedeutung zukam.
* Die **breite Unzufriedenheit** der Menschen in der DDR mit dem vormundschaftlichen SED-Regime und der ökonomischen Dauerkrise erhielt durch die Anstöße von außen ein Ventil.
* Nachdem die Demonstrierenden ihre Stärke erkannten, gaben sie sich mit kleineren Zugeständnissen nicht mehr zufrieden.
* Auf der anderen Seite war die SED-Spitze um Erich Honecker führungsschwach und war auch der innerparteilichen „Palast-Revolte" nicht gewachsen.-
* Das geschickte Agieren der westdeutschen Regierung Kohl/Genscher verstärkte die allgemeine **Wendeeuphorie** in der DDR-Bevölkerung.

Allerdings war bis Anfang 1990 nicht klar, dass die Umwälzungen in der DDR die Chance der Wiedervereinigung der beiden deutschen Staaten bieten würde, denn auch noch nach dem Mauerfall hofften viele Revolutionäre auf einen allerdings demokratisierten eigenständigen Staat. Doch auch wenn sie fürchteten, von Westdeutschland „BRDigt" zu werden, ergaben die ersten freien Wahlen ein anderes Bild, denn eine breite

Mehrheit der DDR-Bevölkerung entschied sich für den Beitritt und gegen weitere sozialistische Experimente. Nachdem Gorbatschow bereits im Februar signalisiert hatte, dass er die Entscheidung der Wähler respektieren würde, waren damit die Würfel zugunsten einer raschen Wiedervereinigung gefallen.

Was war besonders wichtig 1989/90?

1989
- Ab **August** Massenflucht vieler DDR-Bürger über die geöffnete ungarisch-österreichische Grenze in den Westen
- **Seit dem 2. Okt.:** Wöchentlich anwachsende Montagsdemonstrationen in Leipzig
- **7. Okt.:** Unbeeindruckt von allen Geschehnissen feiert die DDR-Führung den 40. Staatsfeiertag.
- **18. Okt.:** Rücktritt Honeckers
- **7. Nov.:** Rücktritt der DDR-Regierung
- **9. Nov.:** Öffnung der Grenze nach West-Berlin und Mauerfall
- **14. Nov.:** Rücktritt von Honeckers Nachfolger Egon Krenz
- **28.11.:** Zehn-Punkte-Plan Kohls zur schrittweisen Überwindung der Teilung durch eine Konföderation

1990
- Im **Februar** teilt Gorbatschow Kohl mit, dass er künftig das Selbstbestimmungsrecht der Bevölkerung respektieren werde.
- **18. März:** freie Volkskammerwahlen bringen CDU-Sieg
- **1. Juli:** Inkrafttreten der Wirtschafts-, Währungs- und Sozialunion zwischen BRD und DDR
- **12. Sept.:** Abschluss der „2+4-Gespräche" mit den vier Alliierten, die dem vereinigten Deutschland volle Souveränität gewähren
- **3. Oktober:** Beitritt der DDR zur Bundesrepublik Deutschland
- **2. Dezember:** Die erste gesamtdeutsche Bundestagswahl bestätigt die Regierung Kohl/Genscher.

Der Mauerfall wird gefeiert ...

Die von vielen Menschen anfangs geradezu als Wunder empfundene Wiedervereinigung war nur möglich geworden, **weil die vier Sieger-mächte von 1945 schließlich alle zustimmten**, nachdem große Bedenken von Frankreich und von Großbritannien zerstreut werden konnten. Dies gelang Helmut Kohl als deutschem Bundeskanzler vor allem dadurch, dass er klar machte, dass auch und gerade ein wiedervereinigtes Deutschland die **europäische Integration** weiter vorantreiben werde.

VON DER „STUNDE NULL" ZUR WIEDERVEREINIGUNG (1945–1990)
Checkliste

→ Welche Ereignisse verbinden Sie mit den folgenden Jahreszahlen?

1945	1968
1948	1969
1949	1972
1950–1953	1975
1955	1985
1957	1989
1961	1990

→ Erklären Sie folgende Begriffe.

Stunde Null	Berliner Mauer
Potsdamer Abkommen	EWG
Bizone und SBZ	Entspannungspolitik
Währungsreform	Ostpolitik
Grundgesetz	Europaidee
Blockbildung	EG
Wirtschaftswunder	Perestroika
NATO-Beitritt	Planwirtschaft
Kubakrise	Wende

→ Themen zum Nachdenken:

1. Beschreiben und erläutern Sie, wie es nach 1945 zur Blockbildung zwischen Ost und West gekommen ist. War diese Entwicklung unvermeidlich?
2. Versuchen Sie, die Innen- und Außenpolitik Konrad Adenauers zu beurteilen.
3. Schildern Sie den Wandel in den Internationalen Beziehungen seit der Kubakrise. Gehen Sie dabei auf die Neue Ostpolitik Willy Brandts ein und überlegen Sie, ob dadurch die spätere Wiedervereinigung begünstigt oder erschwert worden ist.
4. Diskutieren Sie die Frage, ob die „Wende" in der DDR 1989/90 auch ohne die Politik Gorbatschows möglich gewesen wäre.

5

DIE UNÜBERSICHTLICHER GEWORDENE WELT SEIT 1990

Durch die **Auflösung des Ostblocks und der UdSSR** hatte sich die weltpolitische Situation 1990/91 radikal geändert. Das Zeitalter des Kalten Krieges war vorbei, das westliche Gesellschafts- und Wirtschaftsmodell hatte sich als überlegen erwiesen, und an die Stelle des bipolaren Gegensatzes von USA und Sowjetunion waren die Vereinigten Staaten als einzig verbliebene Supermacht getreten.

Große Optimisten hofften, dass mit dem Wandel in Osteuropa zugleich eine bessere Zukunft in einer friedlicheren gerechteren Welt beginnen würde. Man sprach sogar vom **„Ende der Geschichte"** und hoffte, dass der Sieg der liberalen Demokratien weltweit Schule machen würde und dass Krieg und Diktatur bald der Vergangenheit angehören könnten. Schon bald mussten solche überzogenen Hoffnungen aber begraben werden, denn der Golfkrieg gegen den Irak 1991 und noch mehr der Balkankrieg in den darauf folgenden Jahren machten unerbittlich deutlich, dass zwar ein neues Zeitalter, aber kein ewiger Friede begonnen hatte.

So war die globale Situation nach 1990 eher weniger stabil als vorher, und Konflikte, die bis dahin nur unterschwellig schwelten, traten in den Vordergrund. Hierzu zählen die **Auseinandersetzung mit der islamischen Welt**, der **Nord-Süd-Gegensatz** zwischen den reichen Industrienationen der nördlichen Hemisphäre und den unterentwickelten Ländern des Südens sowie die Bewältigung der Folgen der **Globalisierung**, die auch wohlhabendere Gesellschaften vor große Probleme stellt.

Andererseits eröffnete das Ende des Ost-West-Gegensatzes aber auch die erwarteten großen Chancen. So nutzten die **Transformationsländer Mittelosteuropas** die Möglichkeiten, die ihnen Demokratie und Marktwirtschaft boten. Die Ausgaben für Militär und Verteidigung wurden deutlich reduziert, und in Deutschland wie in ganz Europa wuchsen West und Ost allmählich enger zusammen. So konnte die Europäische Integration zunächst ungehindert fortgesetzt werden, ehe seit Mitte der 2010er-Jahre unübersehbare Gegenbewegungen auftraten.

Weltpolitisch veränderte sich das internationale Ordnungssystem gravierend. Die USA dominierten und dominieren zwar nach wie vor die globale

Ordnung. Sie mussten aber akzeptieren, dass ihre Hegemonialstellung von Russland und China, aber auch von den Staaten der EU nicht hingenommen wurde. So hat sich mit der Zeit eine multipolare Weltordnung herauskristallisiert, die bei aller Unübersichtlichkeit auch große Chancen für ein verstärktes Miteinander der verschiedenen Völker und Kulturkreise bietet.

Die entscheidenden epochalen Ereignisse seit 1990

- die veränderte Stellung Deutschlands nach der **Wiedervereinigung** mit großen Herausforderungen (siehe S. 120–125)
- die forcierte **Europäische Integration** in der EU mit großen Problemen seit 2010 (siehe S. 126–131)
- die großen weltweiten **Wirtschafts- und Finanzkrisen** seit 2007 (siehe S. 132–135)
- die alle Länder und Völker erfassenden Prozesse der **Globalisierung** und der **Digitalisierung** (siehe S. 136–139)
- die allmähliche Herausbildung einer neuen **multipolaren Weltordnung**(siehe S. 140–141)

Als immer drängendere Herausforderung stellte sich in den Jahrzehnten seit 1990 die Umweltproblematik heraus, die von nun an als Bedrohung der ganzen Erde und damit der gesamten Menschheit wahrgenommen wurde. So wurde deutlich, dass das Sterben der Wälder, das Ozonloch und die fortschreitende Erderwärmung nicht mehr nur das Problem einzelner Staaten und Regionen sind, sondern dass sie die ganze Staatenwelt angehen – und dass sie nur dann gelöst werden können, wenn alle Staaten weltweit zusammenarbeiten.

Allgemeine Entwicklungstendenzen des 19. Jahrhunderts

- nach dem Ende der Ost-West-Konfrontation zunächst Dominanz der USA als einzig verbliebener Supermacht
- Aufstieg Chinas zur Weltmacht
- Fortsetzung der Europäischen Integration
- fortschreitende Globalisierungsprozesse
- Digitale Revolution
- Wahrnehmung von globalen Umweltgefährdungen („Klimawandel"), die nur gemeinsam bewältigt werden können
- Verlust der Dominanz der europäischen Kultur

Die veränderte Rolle Deutschlands seit 1990

Probleme Deutschlands nach der Wiedervereinigung

Auf die euphorischen Monate der „Wende" 1989/90 und die so zügig realisierte Wiedervereinigung bis zum 3. Oktober 1990 folgte alsbald eine **Phase der Desillusionierung** in West und Ost. Die wirtschaftlichen Schwierigkeiten der neuen Bundesländer bei der Umstellung auf eine marktorientierte Wettbewerbswirtschaft erwiesen sich als weitaus größer als erwartet. Ebenso sehr waren die Folgekosten der Einheit unterschätzt worden. Entgegen den ursprünglichen Versicherungen des Bundeskanzlers, dass die Kosten mehr oder weniger „aus der Portokasse" bezahlt werden könnten, zeigte sich schnell, dass immense **Transferzahlungen** Westdeutschlands zu leisten waren. Sie betrugen Jahr für Jahr durchschnittlich 75 Milliarden Euro und summierten sich bis 2004 auf die unvorstellbare Summe von mehr als 1.200 Milliarden.

Diese gewaltigen Beträge strapazierten den Westen erheblich. Dennoch kam es nicht zu dem allseits erhofften selbsttragenden Aufschwung im Osten der Republik. Statt der „blühenden Landschaften", von denen Helmut Kohl geschwärmt hatte, blieben die strukturellen Nachteile bestehen, und die rasch auf rund 20 % angestiegene Arbeitslosigkeit in den neuen Bundesländern konnte selbst 15 Jahre nach der Wende nicht nennenswert gesenkt werden.

Hauptursache für die immensen Probleme Ostdeutschlands war die **schwache Produktivität** der dortigen Betriebe, die um 1990 nur rund 30 % des Westniveaus betragen hatte. Da aber die Löhne überproportional anstiegen, musste sich eine hohe **Arbeitslosigkeit** fast zwangsläufig ergeben. Allgemein war die Leistungsfähigkeit der ostdeutschen Industrie gewaltig überschätzt worden. Ein Großteil der Industrieanlagen war zur Zeit der Wiedervereinigung marode und technologisch um viele Jahre zurück. Dazu waren die meisten Betriebe verschuldet, die Infrastruktur und die Bausubstanz mussten rundum erneuert werden, und viele Umweltschäden waren zu sanieren.

Der notwendige Umbruch traf die meisten Menschen in der früheren DDR fast völlig unvorbereitet. Er wurde deshalb weithin als von „den Wessis" aufgenötigt empfunden und als Schock erlebt. Arbeitslosigkeit und die Schließung alter Betriebe, der nach wie vor bestehende Abstand zu den westlichen Bundesländern und Sorgen um die Zukunft führten bei vielen zu existentieller Verunsicherung und tiefer Enttäuschung. Umgekehrt sind im Westen eine allgemeine Unzufriedenheit verbunden mit latentem Ärger über den ausgebliebenen Aufschwung weit verbreitet, so muss auch noch im 21. Jahrhundert konstatiert werden, dass die **„Mauer in den Köpfen"** noch nicht verschwunden ist.

Welche Probleme hatte Deutschland nach der Wiedervereinigung bis etwa 2005?

- eine dauerhaft hohe **Arbeitslosigkeit** in den neuen Bundesländern
- eine deutlich gestiegene **Verschuldung**, die es Deutschland schwer machte, die Maastricht-Kriterien zu erfüllen
- mehrere **Steuererhöhungen**, nicht zuletzt der „Soli", wodurch die Lohnnebenkosten und Abgabenbelastung noch höher wurden
- eine **Krise der Renten- und Krankenversicherungssysteme**, die zunehmend unfinanzierbar geworden waren
- ein fragwürdig gewordenes Schul- und Bildungswesen (**„Pisa-Schock"**)
- eine **veränderte Arbeitsmoral und Berufsauffassung** („Freizeitweltmeister"), die das einstige Markenzeichen „Made in Germany" gefährdeten
- die Anpassungsschwierigkeiten der deutschen Industrie und einer oft immobilen Gesellschaft, dem **internationalen Wettbewerbsdruck** in Zeiten der Globalisierung standzuhalten
- die nur ansatzweise erfolgreiche **Integration von Asylbewerbern** und ihren Familien
- die nach wie vor nicht gelungene **Angleichung der Lebensverhältnisse** zwischen Ost- und Westdeutschland
- die Suche nach einer neuen Rolle als **regionale Großmacht**

Diese Vielzahl von Problemen ließ das wiedervereinigte Deutschland im Ausland zeitweise als den **„kranken Mann Europas"** erscheinen. Dabei wurde allerdings übersehen, dass die deutsche Volkswirtschaft nach wie vor die mit Abstand größte Europas ist und dass Deutschland nach der Osterweiterung der EU dank seiner geographischen Mittellage hervorragend positioniert ist, um aus der Integration der Beitrittsländer in Ostmitteleuropa viele Vorteile zu ziehen. Allen Unkenrufen zum Trotz waren aber viele deutsche Unternehmen durchaus in der Lage, ihre in vielen

Bereichen dominierende Stellung auf den Weltmärkten zu behaupten oder sogar noch auszubauen.

Die nach wie vor große ökonomische Stärke Deutschlands kam der außenpolitischen Position zu Gute. So hatten die Krisen der 1990er-Jahre gezeigt, dass das internationale politische Gewicht Deutschlands größer geworden war und dass es zusammen mit Frankreich der Motor der Europäischen Integration blieb.

So demonstrierte die Zeit seit der Wiedervereinigung, dass sich die Bundesregierungen sowohl unter Helmut Kohl als auch seit 1998 unter Gerhard Schröder ihrer europapolitischen Verantwortung bewusst waren. Anfängliche ausländische Befürchtungen, dass die mutmaßliche Dominanz der deutschen Wirtschaft zu einem „Vierten Reich" führen könne, gehörten dadurch schnell der Vergangenheit an. Denn alle Bundesregierungen seit Adenauer hatten den in den 1950er-Jahren begonnenen Weg der konsequenten **Europapolitik** fortgesetzt und dadurch viel Vertrauen aufgebaut, sodass Deutschland in der EU mehr als lediglich ein gerne gesehener Zahlmeister ist.

Deutschlands weiteres Schicksal hängt also seit der Wiedervereinigung mehr denn je von der weiteren Entwicklung der EU ab. Die erfolgreiche Verwirklichung der **Wirtschafts-** und (durch die Einführung des Euro) auch der **Währungsunion**, durch die der größte Binnenmarkt der Welt entstand, kommt dabei Deutschland in besonderem Maße zugute. Und die gerade von Bundesaußenminister Joschka Fischer betriebene politische Integration demonstrierte die deutsche Bereitschaft, weitere Souveränitätsrechte an die EU abzutreten.

Damit lässt sich zusammenfassend festhalten: Deutschland, das „im Zeitalter der Weltkriege" die Geschicke der ganzen Menschheit auf furchtbarste Weise bestimmt hatte, hat nach 1945 seine „zweite Chance" gehabt, und es hat sie genutzt. Der erfolgreiche Weg der Westintegration, den die Bundesrepublik seit 1949 gegangen ist, hat vierzig Jahre später „die Einheit in Freiheit" ermöglicht und eröffnete seit 1990 die Gelegenheit, die Europäische Integration durch die Osterweiterung zu vollenden.

Bei diesem Prozess, der im Frühjahr 2004 durch den Beitritt von gleich acht früheren Ostblockstaaten zur EU und des gleichzeitigen Eintritts in die NATO seine Krönung erfuhr, hatte das wiedervereinigte Deutschland eine Schlüsselfunktion inne. Es realisierte die neue Positionierung im Zentrum Europas und lag fortan nicht mehr am Rande der westlichen Welt, sondern erfüllte als **„Mitte Europas"** die wichtige Aufgabe des Vermittlers westlichen Gedankenguts für den Osten.

Hierbei erwies sich die kluge außenpolitische Orientierung der Bundeskanzler von Adenauer über Brandt bis zu Kohl und Schröder als sehr hilfreich: Die von Anfang an betriebene Integration in die westlichen Bündnissysteme erleichterte in der Bundesrepublik den Aufbau eines veränderten Deutschland. Diese zielführende Westintegration wirkte zugleich bei den europäischen Nachbarn vertrauensbildend und ließ die im deutschen Namen begangenen Gräuel der ersten Jahrhunderthälfte allmählich in den Hintergrund treten.

Auf dieser Basis gelang die Ostpolitik Willy Brandts ebenso wie die Wiedervereinigung unter Helmut Kohl, denn bei aller Annäherung an die östlichen Nachbarn wurden die Grundlagen der Einbindung in die westlichen Strukturen nie in Frage gestellt. Dadurch wurde auch die beträchtliche Vergrößerung des Territoriums und der Bevölkerungszahl, die Deutschland 1990 erreichte, von allen Nachbarländern stillschweigend akzeptiert. Der damit gewonnene Machtzuwachs bedeutete aber zugleich ein gesteigertes Maß an **Verantwortung**, das Deutschland seither für Europa und in der Welt zu tragen hat.

VERGANGENHEITSBEZÜGE HERSTELLEN

Gerade bei Behandlung der jüngeren deutschen und europäischen Geschichte bietet es sich an, zu überlegen, welche Aspekte aus der Vergangenheit auf aktuelle Schlüsselfragen bezogen werden können. Bei den Themen dieses Kapitels liegen entsprechende Bezüge auf der Hand. In dem Maße, wie Sie sich solche Erbschaften, Errungenschaften und auch Belastungen aus den letzten Jahrzehnten klar machen, wird die Gegenwart besser verständlich – und die Vergangenheit interessant.

Also: Stellen Sie einfach einmal Fragen an die Geschichte, wie z. B.:

- Belastet das Erbe der DDR Ostdeutschland auch heute noch?
- Welche Bedeutung hatte und hat Deutschland für die EU?
- Wieso wurde Deutschland um 2000 als „kranker Mann Europas" bezeichnet – und wie ist das heute?
- Warum haben die Deutschen eine besondere Verantwortung, wenn antisemitische und rassistische Tendenzen wieder virulent werden?
- Sollte die EU künftig eher ein Bundesstaat sein oder doch lieber nur eine Art Staatenbund?

Und nun: Ihre Fragen!

Deutschland im 21. Jahrhundert

Zu Beginn des 21. Jahrhunderts erschien Deutschland ökonomisch und finanziell angeschlagen. Im In- und Ausland galt es als „kranker Mann Europas", was teils bedauernd, teils spöttisch kommentiert wurde. In dieser Zeit war es die historische Leistung der Regierung Schröder, dass sie die Problematik dieser Situation erkannte und entschiedene Maßnahmen traf, um den deutschen Arbeitsmarkt und das hiesige Sozialsystem zu reformieren. Schröder machte dann in der **„Agenda 2010"** Ernst mit seiner Ankündigung, Leistungen des Staates zu kürzen. Die darauf erfolgenden zum Teil harten und von vielen als ungerecht empfundenen Einschnitte ins soziale Netz (Verminderung des Arbeitslosengeldes, Erhöhung des Rentenalters, Streichung von Leistungen der Gesetzlichen Krankenversicherung usw.) bei gleichzeitiger Förderung des Mittelstands und Lockerung des Kündigungsschutzes waren bei ihrer Einführung alles andere als populär. Und es war nicht zuletzt die „Agenda 2010", die 2005 zum Regierungswechsel führte.

Schröders Nachfolgerin Angela Merkel (CDU), die eine Große Koalition aus CDU/CSU und SPD führte, setzte den **Umbau des Sozialstaats** behutsam fort und konnte die Früchte der dadurch gestiegenen Wettbewerbsfähigkeit Deutschlands ernten. Dies zeigte sich insbesondere seit 2008, als sich die Folgen der im Vorjahr in den USA begonnenen **Weltwirtschaftskrise** immer deutlicher abzeichneten und auch Europa mit in den Strudel einer Rezession rissen.

Obwohl das deutsche Bruttoinlandsprodukt im Hauptkrisenjahr 2009 um nie gekannte knapp 5 % zurückging, überstand Deutschland die lange Krisenphase seit 2008 weit besser als alle anderen großen Industrienationen. So erholte sich die deutsche Wirtschaft bereits 2010 rasch und wuchs auch in den folgenden Jahren deutlich. Im Gegensatz vor allem zu den schwächelnden Staaten Südeuropas und nicht zuletzt im Vergleich zu Frankreich und Großbritannien sprach man nun – ganz im Gegensatz zu den düsteren Einschätzungen keine zehn Jahre zuvor – von **„Germany's new Wirtschaftswunder"** und fragte sich erstaunt, woran es nur liegen konnte, dass in Deutschland Arbeitslosigkeit und staatliche Neuverschuldung so deutlich sanken.

Seither wird vielerorts sogar schon eine drohende **neue Dominanz Deutschlands** befürchtet, und längst verschwunden geglaubte Ängste wurden insbesondere in Griechenland wach, da man in dem maßgeblich von deutscher Seite geforderten Sparkurs schon ein Wiederaufleben deutschen Großmachtstrebens zu erkennen glaubte.

In der Tat hatte Angela Merkel, die 2009, 2013 und 2017 wiedergewählt worden war, eine entschiedene Politik der Konsolidierung der Haushalte der betroffenen Staaten durchgesetzt und dadurch zunächst eine Verschärfung der Wirtschaftskrise mit wachsender Arbeitslosigkeit in Kauf genommen. Die gleichzeitige zumindest relative Prosperität Deutschlands musste so fast zwangsläufig Misstrauen hervorrufen und führte sogar zu Mutmaßungen, dass Deutschland als Krisengewinner von den Problemen der anderen schwächeren Länder in mehr als einer Hinsicht profitiert habe.

Andererseits ermöglicht die sichtbare ökonomische Stärke Deutschland auch vergrößerte Einfluss- und Gestaltungsmöglichkeiten vor allem innerhalb der EU. So kommen Forderungen, Deutschland solle und müsse mehr Verantwortung übernehmen, nicht von ungefähr. Es wird ein nicht leichter **Balanceakt** werden, die inzwischen gewonnene machtvollere Position behutsam zu nutzen, um die europäische Integration zu fördern, ohne als alles besser wissender Schulmeister oder als notorischer Sparkommissar abgelehnt zu werden.

Unter Angela Merkel hat Deutschland auf dem europäischen Kontinent seine dominierende Stellung halten können und weltweit besondere Achtung und Anerkennung gewonnen.

MÜNDLICHE PRÜFUNGEN I

Mündliche Prüfungen unterliegen ganz anderen Gesetzmäßigkeiten als schriftliche Klausuren! So kann die Lehrkraft, die Sie prüft und die Sie vom Unterricht her kennt, Ihnen Hilfestellungen geben und Brücken bauen, eine Frage noch einmal anders formulieren, Sie korrigieren etc. Andererseits kann eine mündliche Prüfung auch besonders schwierig sein, da hier Geistesgegenwart, Wortgewandtheit und sicheres Auftreten in besonderer Weise gefordert sind. Zudem spielen Rhetorik und psychologische Faktoren eine entscheidende Rolle.

Deshalb sollte in der Vorbereitung auf mündliche Prüfungen die inhaltlich-stoffliche Seite nicht einseitig im Vordergrund stehen. Stattdessen ist es sinnvoll, Prüfungssituationen häufiger zu simulieren und Ängste, die gerade vor mündlichen Prüfungen ganz normal sind, gezielt anzugehen, etwa durch das Erlernen des autogenen Trainings oder einer vergleichbaren Entspannungsmethode.

Die forcierte Integration der Europäischen Union

Der Umbruch in der Weltpolitik seit 1990 hatte auch für die Europäische Gemeinschaft gravierende Folgen und bot ihr Möglichkeiten, mit denen kurz zuvor auch große Optimisten nicht gerechnet hatten. So eröffnete sich die Chance, weitere Staaten vor allem in Mittel- und Osteuropa zu integrieren und zugleich die ursprüngliche Wirtschaftsgemeinschaft zu einer **Währungsunion** und einem **Staatenbund** auszubauen.

Als erster Schritt in punkto Erweiterung konnte 1995 – nach der sehr erfolgreichen Integration der wirtschaftlich schwächeren Staaten Südeuropas in den 1980er Jahren – der **Beitritt** der ökonomisch gefestigten Volkswirtschaften **Finnland**, **Schweden** und **Österreich** reibungslos und ohne Schwierigkeiten vollzogen werden. Nicht einmal ein Jahrzehnt später stellte sich die seit 1993 in EU umbenannte „Europäische Union" der größten Herausforderung ihrer Geschichte, indem sie 2004 auf einen Schlag zehn neue Mitglieder aufnahm. Nach dem Zusammenbruch des Ostblocks und der Auflösung des Comecon, der Wirtschaftsgemeinschaft der osteuropäischen Staaten, hatten diese **Transformationsländer** 1994 bis 1996 **Aufnahmeanträge** an die EU gestellt. Da die früheren Staatshandelsländer erhebliche Probleme bei der nachhaltigen Etablierung von Marktwirtschaft und Demokratie hatten, gab es viele skeptische Stimmen, die befürchteten, dass die Osterweiterung eine Überdehnung der EU bewirken könnte.

Allen nicht zuletzt auch finanziellen Bedenken zum Trotz erfolgte im Mai 2004 der **Beitritt** von gleich zehn Mitgliedsstaaten: Neben **Polen**, dem einzigen Land mit mehr als 11 Millionen Einwohnern, handelte es sich dabei um **Tschechien** und die **Slowakei**, **Ungarn** und **Slowenien**, die drei baltischen Republiken **Litauen**, **Lettland** und **Estland** sowie um die kleinen Mittelmeerinseln **Malta** und **Zypern** (griechischer Teil).

2007 traten dann **Bulgarien** und **Rumänien** der EU bei, 2013 auch noch Kroatien. So ist aus der 1958 gegründeten EWG, dem ursprünglichen „Europa der 6", ein Staatenverbund von 28 Staaten geworden (Stand 10.19). Mit über 500 Millionen Einwohnern ist die EU der **größte Binnenmarkt der Wel**t. In Hinblick auf ihre Wirtschaftskraft steht sie auf Augenhöhe mit den USA und China.

Einen Meilenstein in den Integrationsbemühungen der EU bedeutete die Einführung des **Euro**. Die Idee einer Gemeinschaftswährung gab es zwar bereits seit den 1920er-Jahren, und sie wurde auch in den 1970er-Jahren immer wieder diskutiert. Die entscheidenden Schritte zur Realisierung des Euro wurden jedoch erst seit 1989 unter dem visionären Kommissionspräsidenten Jacques Delors getan. Nach dem epochalen Umbruch in Osteuropa 1989 bis 1991 wurde 1992 im zukunftweisenden **Vertrag von Maastricht** die Einführung einer Gemeinschaftswährung endgültig beschlossen.

Vielen Skeptikern zum Trotz wurde der Euro dann ab dem 1.1.1999 als Buchgeld an den Wertpapiermärkten eingeführt. Im Januar 2002 erfolgte die Umstellung des Bargeldes, sodass fortan in allen Ländern der damaligen EU mit Ausnahme von Großbritannien, Dänemark und Schweden der Euro alleiniges Zahlungsmittel war.

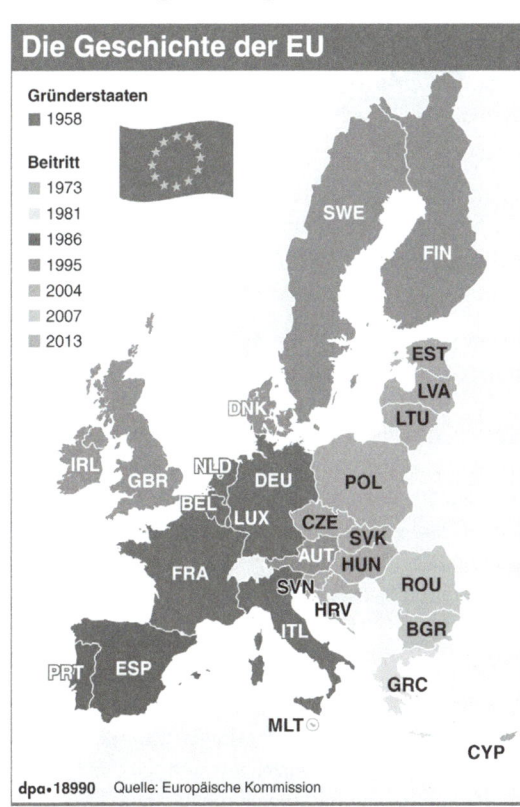

Die 19 Staaten der Eurozone sind: Belgien, Deutschland, Estland, Finnland, Frankreich, Griechenland, Irland, Italien, Lettland, Litauen, Luxemburg, Malta, die Niederlande, Österreich, Portugal, die Slowakei, Slowenien, Spanien und die Republik Zypern.

Übersicht der EU-Mitgliedsstaaten

Nach einer wachsenden Akzeptanz der neuen Gemeinschaftswährung in der ersten Dekade ihres Bestehens geriet die gesamte Eurozone seit dem Herbst 2009 mit Beginn der **Staatsschuldenkrise**, die Griechenland besonders betraf, in eine schwere Bewährungsprobe. Mit dem Übergreifen der Krise auf weitere Länder des Euroraums (Irland, Portugal, Spanien und Italien) wurde die gesamte Konstruktion des Euro mehr und mehr in Zweifel gezogen: Während in den weniger stark betroffenen Ländern des Nordens mit Deutschland an der Spitze die allzu großzügige Ausgabenpolitik der sogenannten „Peripheriestaaten" kritisiert wurde, protestierten die betroffenen Länder gegen die ihres Erachtens zu strengen Sparauflagen, die deren wirtschaftliche und soziale Krise noch verstärkte.

Diese höchst unterschiedliche Bewertung der schon durch die vorhergehende Weltwirtschaftskrise hervorgerufenen Rezession bewirkte eine wachsende Diskrepanz zwischen den süd- und den nordeuropäischen Ländern. Das Bewusstwerden der grundverschiedenen Mentalitäten im Umgang mit Finanzen und Budgets führte zu einer wachsenden **Desintegration** und nicht nur zu einer zunehmenden **Skepsis gegenüber dem Euro**, sondern auch gegenüber der EU insgesamt.

Trotzdem ist die EU für Nichtmitgliedsländer nach wie vor attraktiv, wie der Beitritt Bulgariens, Rumäniens und Kroatiens 2007 und 2013 beweist. Auch die Tatsache, dass es weiterhin eine ganze Reihe weiterer Beitrittskandidaten gibt, zeigt, dass die EU für außen stehende Staaten nichts von ihrer Anziehungskraft verloren hat.

Beim weiteren Ausbau der EU werden nun voraussichtlich wieder verstärkt politische Fragen im Mittelpunkt stehen. Schon bei Beginn in den 1950er-Jahren hatten die Vorläufer der EU das Ziel, zukünftig mehr zu sein, als eine bloße Wirtschaftsgemeinschaft. Die angestrebte **politische Integration** war allerdings wesentlich schwieriger als die ökonomische. Dennoch hat die Staatengemeinschaft auch in dieser Hinsicht viele Schritte getan und eine Vielzahl von Institutionen aufgebaut, die auf **supranationaler Ebene** die Zusammenarbeit zwischen den Regierungen koordinieren und die Integration praktisch durchführen.

Bei alledem blieb allerdings bislang die grundsätzliche Frage ungeklärt: Soll die zukünftige EU wie bisher ein eher lockerer Staatenbund bleiben oder ist nicht vielmehr eine Art Bundesstaat anzustreben. Die Idee einer derartigen Union, vielleicht mit dem Namen **„Vereinigte Staaten von Europa"**, trifft allerdings nicht nur auf Befürworter. Vielmehr gibt es in allen Ländern auch starke konservative und nationalistische Strömungen, die allenfalls ein **„Europa der Vaterländer"** bejahen, in dem die zentralen Entscheidungen weiterhin von den Einzelstaaten gefällt werden.

Welche Aufgabenfelder hat die EU im 21. Jahrhundert?

* die Klärung der Frage, ob die EU auch die **politische Integration** realisieren soll oder ob es bei dem bisherigen Staatenbund bleibt
* die abschließende Erarbeitung und endgültige Verabschiedung einer **EU-Verfassung**
* die Angleichung und **Vereinheitlichung** der Rechts-, Sozial- und Bildungssysteme
* die enge **polizeiliche und prozessrechtliche Zusammenarbeit** zur gemeinsamen Terrorabwehr, zur Bekämpfung von Verbrechen und insbesondere der organisierten Kriminalität
* die Entwicklung einer „**Gemeinsamen Außen- und Sicherheitspolitik**" (GASP), um in der Weltpolitik mit einer Stimme sprechen zu können
* die Ausweitung der **kulturellen Zusammenarbeit**
* die **Südosterweiterung** mit weiteren Beitrittskandidaten auf dem Balkan (Serbien, Bosnien-Herzegowina, Mazedonien, Kosovo)
* die Klärung der eventuellen Mitgliedschaft des „ewigen" **Beitrittskandidaten Türkei**
* die Neubelebung der **Europa-Vision** und die inhaltliche Ausgestaltung und Konkretisierung der **Europa-Idee**

Seit 1979 gibt es mit dem **Europaparlament**, dessen Abgeordnete alle fünf Jahre gewählt werden, auch eine Legislative auf europäischer Ebene. Allerdings sind deren Einflussmöglichkeiten nach wie vor begrenzt, denn Beschlüsse werden weiterhin von der **EU-Kommission**, der die Vertreter der Länder angehören, und dem nachgeordneten **Ministerrat** gefasst. Grundsatzentscheidungen treffen die Staats- und Regierungschefs des **Europäische Rats**, der mehrmals im Jahr tagt.

Weitere zentrale Organe der EU sind der **Europäische Gerichtshof** als „Wächter der Verträge", der **Europäische Rechnungshof**, der die Ausgaben kontrolliert, und die **Europäische Zentralbank** (EZB), die für Währungsfragen, insbesondere die Stabilität des Euro zuständig ist. Eine sehr wichtige Aufgabe erfüllt ferner die **Kommission für Wettbewerbsrecht**, die gegen Monopole und Kartelle vorgehen kann. Außerdem gibt es eine Reihe von **Ausschüssen** wie den Ausschuss der Regionen als Vertretung von inzwischen 350 Regionen sowie den Wirtschafts- und Sozialausschuss, der als Vertretungsorgan wichtiger Verbände im Sinne einer pluralistischen Bürgergesellschaft fungiert.

Krisen innerhalb der EU seit 2010

Dass die Geschichte der Europäischen Integration keine und schon gar keine lineare Erfolgsgeschichte ist, zeigen verschiedene Entwicklungen seit 2009/10. Schon die Staatsschuldenkrise Griechenlands und die nachfolgenden Erschütterungen des gesamten Euroraums zeigten, wie fragil die Stabilität der Gemeinschaftswährung ist und wie stark nach wie vor nationale Eigeninteressen die europäischen Debatten bestimmen.

Dabei zeigte sich immer wieder, dass die nördlichen EU-Staaten mit Deutschland an der Spitze eine sehr auf **Stabilität** bedachte Finanzpolitik favorisieren, während die südlichen mediterranen Länder regelmäßig eine **lockere Geldpolitik** fordern – nicht zuletzt, um die Zinsen für ihre hohen Staatsschulden bezahlen zu können.

Zu diesen schwerwiegenden Differenzen in Geld- und Wirtschaftsfragen trat seit Mitte der 2010er-Jahre die **Flüchtlingsfrage**, die die EU in ihrer Gesamtheit in keiner Phase zufriedenstellend zu lösen vermochte. Bei der Frage, wie viele Menschen, die aus den verschiedensten Krisengebieten Afrikas und des Nahen Ostens nach Europa fliehen, aufgenommen werden sollen, gab es von Anfang an höchst unterschiedliche Positionen. Es zeigte sich bald, dass es in dieser Frage keinen Grundkonsens gab. Vielmehr verfolgten einige Länder den ausgesprochen restriktiven Kurs einer möglichst weitgehenden Abschottung Europas, die allerdings in der Praxis weder auf dem Mittelmeer noch auf dem Balkan konsequent umzusetzen war.

Da andere Staaten in der Flüchtlingsfrage eine offenere Haltung vertraten und vor allem fremdenfeindliche Positionen vehement ablehnten, war eine Polarisierung unvermeidlich. Dies führte dazu, dass in allen Ländern der EU **rechtspopulistische Parteien** stärker wurden und dass sie in einigen Staaten sogar mitregieren konnten.

Im Gefolge dieser Entwicklungen gewannen besonders seit 2015 in nahezu allen EU-Staaten nationalistische Gruppierungen an Einfluss, die **europaskeptisch** waren, den Euro ablehnten und den eigenen Interessen absoluten Vorrang vor dem übergeordneten Gemeinwohl der EU einräumten.

Diese Tendenzen erfuhren 2016 eine nicht erwartete Stärkung, als in Großbritannien eine knappe Mehrheit für einen Austritt aus der EU plädierte. Durch diesen **„Brexit"** hatte nun – zum ersten Mal in der Geschichte der Europäischen Integration – ein Mitgliedsland erklärt, der Staatengemeinschaft nicht länger angehören zu wollen.

Dieser beispiellose Vorgang führte dann allerdings nicht zu einer Kettenreaktion, sondern überraschenderweise zu einem engeren Zusammenschluss der verbliebenen 27 Staaten, die gegenüber dem Vereinigten Königreich fortan erstaunlich geschlossen auftraten.

Ebenfalls 2016 zog durch die Wahl **Donald Trumps** zum US-Präsidenten eine Regierung ins Weiße Haus ein, die unverhohlen eine strikt nationale Interessenpolitik betrieb und dabei vor einer fortwährenden Brüskierung ihrer westlichen Bündnispartner nicht zurückschreckte. Dies stellte für die EU und ihre Mitgliedsstaaten eine weitere Herausforderung dar, die eine einheitliche Haltung erforderlich machte.

Dies wurde dadurch erschwert, dass es seither auch in vielen europäischen Staaten vor allem rechtspopulistische Parteien gab, die im Gefolge von Trumps **„America first"** nun die jeweiligen nationalen Interessen obenan setzten. Kompromissbereitschaft und die Rücksichtnahme auf die Interessen anderer oder gar die Achtung von Minderheiten wurden von diesen Gruppierungen mehr oder weniger offen abgelehnt.

Trotz dieser Belastungen erwies sich die EU auch in dieser Belastungsprobe als insgesamt stabil. Mit **Emmanuel Macron** wurde 2017 ein entschiedener Verfechter der Europa-Idee zum Präsidenten Frankreichs gewählt, der noch dazu einer jüngeren Generation angehört. Die auch dadurch gelungene Konsolidierung hat dazu geführt, dass die EU sich seit 2018 neu formiert und dabei ist, ihre Stellung in einer sich rasch verändernden Welt neu zu bestimmen.

MÜNDLICHE PRÜFUNGEN II

Zur Vorbereitung auf eine mündliche Prüfung arbeiten Sie am besten mit Mitschülerinnen oder Mitschülern oder sonst an Geschichte Interessierten – da gibt es vor allem unter den älteren Menschen viel mehr, als man denkt – typische Prüfungsaufgaben durch. Wie in der Prüfung sollten Sie 20 Minuten Zeit zur Vorbereitung haben und hinterher vor allem den freien Vortrag trainieren. Anschließend lassen Sie sich am besten von Ihren Mitstreiterinnen und Mitstreitern auf Herz und Nieren prüfen – und in der nächsten Runde werden einfach die Rollen getauscht, und Sie dürfen dann die Rolle des Prüfenden übernehmen.

Ansonsten können Sie ruhig auch einmal Ihre Lehrkraft bitten, eine Probeprüfung durchzuführen. Die dabei gemachten Erfahrungen sollten Sie hinterher genau analysieren und auswerten.

Wirtschafts- und Finanzkrisen

Schon zu Beginn des 21. Jahrhunderts hatte es an den Weltbörsen einen dramatischen Absturz gegeben, der vor allem durch die maßlose **Überbewertung der Internet- und Technologiewerte** (Dotcom-Blase) ausgelöst worden war und der sich in Folge der Terroranschläge vom 11. September 2001 massiv ausgeweitet hatte. Nach der Wende an den Aktienmärkten im März 2003 kam es in den Jahren bis 2007 zu einer deutlichen Erholung der Weltwirtschaft und erheblichen Kursanstiegen aller wichtigen Aktienindizes.

2007 setzte dann eine **weltweite Finanz- und Bankenkrise** ein, die ihren Ursprung in den USA hatte, wo die Immobilienpreise schwindel-erregende Höhen erreicht hatten. Ähnliche Immobilienpreis-Blasen gab es in Irland und in Spanien. In diesen Ländern gerieten viele Banken in ernsthafte Bedrängnis, was einen Teufelskreis von Vertrauensverlust, dem Abzug von Geldern und zunehmenden Insolvenzen zur Folge hatte. Ihren Höhepunkt erreichte die Bankenkrise im September 2008, als die US-amerikanische Großbank Lehman Brothers zusammenbrach. Um die drohende Kettenreaktion immer neuer Bankpleiten zu verhindern, sahen sich mehrere große Staaten, darunter die USA, Deutschland und sogar die Schweiz, gezwungen, den Bankensektor durch immense öffentliche Kapitalspritzen am Leben zu halten. Riesige Finanzkonzerne wie die US-amerikanische AIG, die deutsche Commerzbank und die schweizerische UBS konnten nur so vor dem Ruin bewahrt werden.

Bei diesen **Rettungsaktionen** spielten die Zentralbanken der USA und der Eurozone eine entscheidende Rolle. Denn die „Fed" (Abk. von Federal Reserve System = US-Notenbank) und die EZB (= Europäische Zent-ralbank) stabilisierten die weltweiten Finanzmärkte durch die wieder-holte **Senkung der Leitzinsen** bis nahe Null und durch die großzügige Versorgung der Geschäftsbanken mit „billigem Geld". Dadurch gelang es Politikern und Zentralbankern mit Mühe und Not einen Zusammenbruch des gesamten Weltfinanzsystems zu verhindern.

Die Ausweitung der Bankenkrise auf die Realwirtschaft konnte aber auch durch diese konzertierten Aktionen nicht mehr verhindert werden. So kam es 2008/2009 zu einer weltweiten **Rezession**, die bei den allermeis-ten Firmen zu Produktionsrückgängen, bei schwächeren Unternehmen auch zum Konkurs führten. Die unausweichlichen Folgen waren wach-sende **Arbeitslosigkeit** und **deflationäre Tendenzen**.

Wodurch kam es zu den Finanzkrisen seit 2007?

- **leichtfertige Kreditvergabe** auch an Hauskäufer mit schlechter Bonität in den USA sowie in Spanien und Irland
- **schwer durchschaubare Geschäfte** der Banken mit Optionsscheinen und anderen Derivaten
- zu **geringes Eigenkapital** einiger Großbanken
- durch die neoliberale Finanzpolitik war der **Bankensektor dereguliert** worden, sodass es im Krisenfall zu wenig Absicherungen gab
- die **hohe Staatsverschuldung** einiger Mittelmeerländer innerhalb des Euroraums
- **Verschleierung der tatsächlichen Staatsverschuldung** durch gefälschte Statistiken und Bilanztricks
- durch die weltweite **Verflechtung der Finanzindustrie** und vielfache wechselseitige Abhängigkeiten des gesamten Bankensektors Gefahr eines Flächenbrands (**„Dominoeffekt"**)

Als sich dann Mitte 2009 die Lage an den Finanzmärkten zu beruhigen schien, entwickelte sich seit Oktober des Jahres eine neuerliche Bedrohung, die nun von den immer mehr in Schieflage geratenen Staatshaushalten einiger Länder der Eurozone ausgelöst wurde. Die fälschlich zunächst meist als „Eurokrise" bezeichnete Rezession war eigentlich eine **„Staatsschuldenkrise"**. Sie begann in Griechenland, das jahrelang seine finanziellen Verhältnisse verschleiert hatte und nun dringend Hilfsgelder benötigte, um die Staatsinsolvenz zu verhindern.

Bald zeigte sich, dass auch die Haushalte anderer Staaten der Eurozone gefährdet waren. Dies galt zunächst für Irland, dann auch für Portugal und Spanien, die fortan zeitweise ebenfalls auf Finanzspritzen des IWF und der EU angewiesen waren. Danach ergaben sich große finanzielle Schwierigkeiten auch für Italien und selbst für die USA, die 2011/2012 ebenfalls kurz vor der Zahlungsunfähigkeit standen.

Um die Insolvenz dieser für die Weltwirtschaft zentral wichtigen Staaten zu verhindern, sahen sich die Zentralbanken genötigt, mit noch weiter gehenden Maßnahmen in die Finanzmärkte einzugreifen. So begann insbesondere die US-amerikanische Fed mit dem massiven Ankauf von US-Staatsanleihen, während die EZB ihre frühere Zurückhaltung in diesem Punkt später auch ganz aufgab.

Dank dieser früher undenkbaren Eingriffe der Zentralbanken konnte eine Ausdehnung der Staatsschuldenkrise auf andere Länder vermieden werden. Was aber nicht verhindert werden konnte, waren massive **Folgewirkungen für die betroffenen Volkswirtschaften**. Während es allerdings der US-Wirtschaft dank der ihr eigenen Dynamik innerhalb relativ kurzer Zeit gelang, die Rezession zu überwinden, traf es die sehr viel weniger wettbewerbsfähigen Länder Südeuropas weitaus härter. So erreichte die Arbeitslosigkeit in Spanien und Portugal sowie vor allem in Griechenland beängstigende Ausmaße, zumal von der Erwerbslosigkeit insbesondere junge Menschen betroffen waren.

Im Gegensatz zu Spanien, wo die Verschuldung bis 2008 sogar relativ niedrig gewesen war, erwiesen sich die Folgen für Griechenland, das bereits vorher in großem Stil über seine Verhältnisse gelebt hatte, als in so gut wie allen Lebensbereichen katastrophal.

Durch die von EU und EZB erzwungenen Sparmaßnahmen wurden die Steuern zum Teil drastisch erhöht und im gleichen Atemzug Renten und Arbeitslosengelder massiv gekürzt. So gerieten mehr und mehr Menschen in echte Notlagen, wurden obdachlos oder standen ohne ärztliche Versorgung da. Generalstreiks und Massenproteste, die dadurch ausgelöst wurden, waren zwar verständlich, verschlimmerten aber die Gesamtlage noch weiter.

MUSS ICH MICH DENN AUCH NOCH MIT FINANZPOLITIK BESCHÄFTIGEN?

Zu den zentralen Handlungsfeldern des politischen Geschehens gehört gerade seit dem 20. Jahrhundert die Finanzpolitik. Sie ist und bleibt den meisten Menschen allerdings ein Buch mit sieben Siegeln, und es hängt sehr vom Geschichtsunterricht ab, ob überhaupt und wenn ja, in welchem Umfang derartige Fragen thematisiert werden.

Wenn es Ihnen aber gelingt, sich für die Fragen rund um Börse und Finanzmärkte zu interessieren, erwerben Sie sich schnell ein Wissen, mit dem Sie brillieren können, auch deshalb, weil so viele in diesen Dingen gar nicht Bescheid wissen.

PS: Übrigens hilft die frühzeitige Beschäftigung mit Finanzfragen Ihnen selbst am allermeisten, denn früher oder später müssen Sie ja auch Ihre eigenen Geldangelegenheiten regeln!

Auf EU-Ebene erwies sich der gravierende Vertrauensverlust als besonders Besorgnis erregend. Dabei ergab sich in den Jahren der Krise eine **scharfe Trennlinie zwischen den Ländern in Mittel- und Nordeuropa**, die dank einer vergleichsweise soliden Haushaltspolitik einigermaßen ungeschoren die Rezessionen der Jahre seit 2007 überstanden, und den Staaten Südeuropas, in denen die abgenötigten Sparmaßnahmen zumeist als ungerechte Zumutung empfunden wurden.

Insgesamt aber gelang es, noch größere Verwerfungen des Weltfinanzsystems zu verhindern, da die Realwirtschaft sich relativ schnell erholte. Trotz mancher Ähnlichkeiten mit der Weltwirtschaftskrise von 1929 bis 1933 verlief die große Finanzkrise der Jahre um 2009 also in der Summe sehr viel glimpflicher.

ULTIMATIVE TIPPS ZU PRÜFUNGEN

Enthusiasmus und Interesse sind die besten Motivatoren für den Prüfungserfolg. Probieren Sie es doch einfach einmal aus, wie es ist, wenn Sie sich wirklich für das Thema, das Sie gerade bearbeiten müssen oder über das die nächste Klausur geht, interessieren.

„Mäßig, aber regelmäßig." Überlegen Sie sich rechtzeitig, ob Sie so gut sind, dass Sie Ihre Prüfungsvorbereitung auf die letzten Tage unmittelbar vor der Prüfung verschieben können. Wenn nicht, dann fangen Sie doch einfach – gleich heute an.

„Widerspruch macht produktiv." Nicht billiges Jasagen oder unkritisches Nachbeten sind anregend, sondern Gegenrede und Opposition. In diesem Sinne ist auch und gerade im Fach Geschichte der Widerspruch erwünscht und schätzenswert.

Nehmen Sie die Prüfungen sportlich! Betrachten Sie sie als positive Herausforderung, an der Sie wachsen können und durch die Sie Fähigkeiten und Wissen erwerben werden, die Sie ohne Druck und ohne Prüfungen vielleicht nie kennengelernt hätten.

Entwickeln Sie eine positive Geisteshaltung. Versuchen Sie den Dingen im Leben ebenso wie den Stunden in der Schule stets etwas Gutes abzugewinnen. Prüfen Sie, ob das Glas Wasser wirklich schon halb leer ist. Oder ist es nicht doch noch halb voll?

Globalisierung und Digitalisierung

Globalisierung früher und heute

Mit dem seit den 1980er-Jahren gebräuchlichen Begriff **„Globalisierung"** bezeichnet man die zunehmende internationale Verflechtung des weltweiten Wirtschaftslebens und die Entstehung eines immer engeren Austauschs zwischen den Staaten und Volkswirtschaften auf der gesamten Erde. Bei diesen Verflechtungen geht es auch immer mehr um kulturelle und ökologische Fragen. Während es in den frühen Phasen der Globalisierung vorwiegend um den internationalen Handel mit Waren und Rohstoffen ging, spielen inzwischen auch Finanztransaktionen und Dienstleistungen eine große Rolle.

Alles dies ist durch die Entwicklung der **modernen Kommunikations- und Informationsmittel** so sehr beschleunigt worden, dass mittlerweile nicht nur Großunternehmen und Staaten global operieren können, sondern auch Nichtregierungsorganisationen und sogar Privatleute.

Internationalen Handel und auch Kulturtransfer hat es in gewissem Umfang auch schon im Altertum und im Mittelalter gegeben. Die eigentliche Globalisierung begann aber erst mit dem Zeitalter der Entdeckungen seit dem 15./16. Jahrhundert, als europäische Seefahrer innerhalb weniger Jahrzehnte weite Teile der Erde entdeckten und für den Handel erschlossen. Mit der zunehmenden Inbesitznahme und Kolonialisierung der gesamten Welt gerieten dann im 17. und 18. Jahrhundert immer größere Gebiete unter den Einfluss der europäischen Kolonialmächte, die vorgaben, die von ihnen beherrschten Länder zivilisieren zu wollen, die sie aber in Wirklichkeit vor allem unterjochten und ausbeuteten.

Mit der **Industriellen Revolution** im 19. Jahrhundert erfuhr die globale Verflechtung eine weitere gewaltige Schubkraft, die im 20. Jahrhundert unvermindert anhielt. Seither sind sämtliche Gebiete der Erde und so gut wie alle Staaten mehr oder minder miteinander verflochten, und zwar wirtschaftlich und politisch, aber auch kulturell.

Die **Globalisierung im engeren Sinne** begann etwa um 1990, als der weltweite Austausch von Dienstleistungen und Wissen dank der neuen digitalen Technologien und des Internets eine erneute Intensivierung ermöglichte. Spätestens seit dieser Zeit kann man davon sprechen, dass die ganze Erde zu einem „globalen Dorf" und die gesamte Menschheit zu einer einzigen Kommunikationsgemeinschaft geworden sind.

Was kennzeichnet die globalisierte Welt?

- ein **weltweiter Handel**, bei dem Landesgrenzen und Entfernungen eine untergeordnete Rolle spielen
- ein **einheitlicher Nachrichten- und Kommunikationsraum**, in dem Ereignisse unmittelbar auf der ganzen Welt verbreitet werden
- ein immer engmaschigeres Netz von internationalen Kontakten und Austauschmöglichkeiten
- eine **wachsende Mobilität**, die zu Migrationsbewegungen nie gekannten Ausmaßes führen
- eine verstärkte Sensibilität für **globale Problemlagen**, die die ganze Erde betreffen (Klimawandel, Flüchtlinge)

Globalisierung ist also ein zentrales Charakteristikum der weltweiten Entwicklungstendenzen des 21. Jahrhunderts. Dabei sollte aber nicht übersehen werden, dass es auch Gegenbewegungen gibt, die wieder verstärkt die Besinnung auf die eigene Herkunft propagieren: Diese reichen von einem verstärkten Regionalismus, einer Rückbindung an Heimat und nationale Identität bis hin zu offenem Nationalismus und Fremdenfeindlichkeit.

Fragen und Perspektiven der Globalisierung

- Ist Globalisierung ein einmaliger Prozess oder hat es im Laufe der Geschichte verschiedene Globalisierungswellen gegeben?
- In welchen Bereichen verläuft die Globalisierung der Kultur, der Moden, der Wertvorstellungen? Gibt es dabei so etwas wie einen westlichen Kulturimperialismus?
- Ist die Globalisierung mit ihrer Dominanz des Westens nur eine Fortsetzung von Kolonialismus und Imperialismus – oder können andere Völker und Kulturkreise eigenständige Beiträge einbringen?
- Gibt es auch so etwas wie eine Globalisierung der weltweiten ökologischen Probleme – und wird es dadurch möglich, Antworten der Weltgemeinschaft auf globale Herausforderungen zu geben?
- Ist die Globalisierung irreversibel, ist sie also ein unumkehrbarer Prozess, oder lassen sich auch andere Zukunftsszenarien denken, in denen Nationalismus und Abschottung dominieren werden?

Die Digitale Revolution

Die Digitalisierung ist neben der Globalisierung ein zentrales Kennzeichen der modernen Welt seit dem Ende des 20. Jahrhunderts. Computer, Digitaltechnik, das Internet und die neuen sozialen Medien bewirkten in ihrer Gesamtheit einen revolutionären Umbruch, der in kurzer Zeit so gut wie alle Lebens- und Arbeitsbereiche erreichte und veränderte. Dabei vollzog sich dieser anfangs auch als „**Kybernetische Revolution**" bezeichnete Transformationsprozess innerhalb weniger Jahrzehnte – und er wirkte sich, wenn auch unterschiedlich schnell und nicht überall mit gleicher Intensität in allen Ländern und Kulturen der Welt aus. Es wurde schnell deutlich, dass die Gesamtheit dieser Veränderungen mehr bedeutet als nur eine Reihe technologischer Neuerungen, die das Leben irgendwie beeinflussen. Vielmehr bedeuten sie einen epochalen Wandel, der in vielem an den durch die Industrielle Revolution seit 1760 (siehe S. 32 ff.) bewirkten Einschnitt erinnert.

In dieser Perspektive hat es sogar in der Menschheitsgeschichte insgesamt nur drei vergleichbare Revolutionen gegeben:

1	die „Neolithische" oder **„Agrarische Revolution"** der Sesshaftwerdung, verbunden mit dem Beginn von Ackerbau und Viehzucht, wodurch die prähistorische Lebensform der nomadisierenden Jäger und Sammler abgelöst wurde
2	die **Industrielle Revolution** mit dem Übergang von der Agrar- zur Industriegesellschaft, der zu einer tief greifenden und alle Lebensbereiche erfassenden Veränderung führte
3	die **Digitale Revolution**, die wir gerade erleben und die noch lange nicht abgeschlossen ist

Die Digitalisierung hat inzwischen die gesamte Berufs- und Arbeitswelt tiefgreifend verändert. Die Speicherung von Daten und Informationen in bis dahin unvorstellbarer Größenordnung und insbesondere ihre allgegenwärtige Verfügbarkeit erlauben mittlerweile eine weltweite Kommunikation („**Informationsgesellschaft**"), bei der Entfernungen so gut wie keine Rolle mehr spielen. Die immensen Möglichkeiten gehen einher mit bis dahin unbekannten Gefährdungen („digitale Junkies"; Vereinsamung; „gläserner Mensch" in einer totalen Überwachungswelt).

Darüber hinaus hat die Weiterentwicklung der Digitalisierung in Richtung „**Künstliche Intelligenz**" längst begonnen. Die damit verbundenen Möglichkeiten – und Gefahren – machen deutlich, dass es für die Zukunft unabdingbar ist, eine **human digitalisierte Gesellschaft** anzustreben.

SCHLÜSSELBEGRIFFE ZUR GESCHICHTE SEIT 2000

Brexit: (= British Exit): Abk. für den Austritt des Vereinigten Königreichs aus der EU durch das Referendum vom 23. Juni 2016

Digitale Revolution: Bezeichnung für den mit der Computerisierung seit etwa 1980 begonnenen Triumphzug der neuen Informations- und Kommunikationstechnologien, die eine fortschreitende Automatisierung ermöglichen und damit das Ende des Industriezeitalters bedeuten

Dritte Welt: Bezeichnung für die sogenannten Entwicklungsländer außerhalb der industrialisierten Staaten der Ersten Welt des Westens und der Zweiten des früheren Ostblocks. Obwohl die Zweite Welt so nicht mehr besteht, ist die Bezeichnung Dritte Welt für die unterentwickelten Staaten Lateinamerikas, Schwarzafrikas und Asiens nach wie vor gebräuchlich.

Eurokrise: Bezeichnung für die Schuldenkrise verschiedener Staaten in der Eurozone seit 2010 und für die dadurch ausgelöste Finanz- und Wirtschaftskrise

EZB (= Europäische Zentralbank): Hüterin der Geldwertstabilität des → Euro mit Sitz in Frankfurt am Main

Freihandel (Gegenbegriff: Protektionismus): außenwirtschaftliches Grundprinzip des Wirtschaftsliberalismus: danach soll der internationale Handel nicht durch staatliche Eingriffe wie Schutzzölle oder Ein- und Ausfuhrbeschränkungen beeinträchtigt werden.

Globalisierung: Seit den 1990er-Jahren gebräuchliche Bezeichnung für die zunehmende internationale Verflechtung der Volkswirtschaften und die Entstehung weltweiter Märkte für Waren, Rohstoffe, Geld und Dienstleistungen. Die Globalisierung wird durch neue Kommunikations- und Informationsmittel beschleunigt. Sie führt dazu, dass Unternehmen global operieren können und dass hohe Renditeerwartungen zu einem verschärften Konkurrenzkampf führen.

Multilateral (von lat. = mehrseitig, mehrere Seiten betreffend; im Gegensatz zu bilateral = nur zwei Seiten betreffend): Beziehungen oder Verträge gelten dann als multilateral, wenn mehr als zwei Staaten daran beteiligt sind.

Unilateralismus: Handeln eines Staates ausschließlich im eigenen Interesse ohne Rücksicht auf die Interessen anderer Länder

Vertrag von Maastricht: Mit diesem Vertrag, der am 1. Nov. 1993 in Kraft trat, beschlossen die Mitglieder der EG Ende 1992 die Weiterentwicklung und den Ausbau der Gemeinschaft zur EU.

Die neue multipolare Weltordnung

Das beginnende 21. Jahrhundert war bei seinem Auftakt im Jahr 2000 auf der gesamten Welt mit großer Vorfreude gefeiert worden. Die damit verbundenen Hoffnungen hielten allerdings nicht lange. Denn mit der umstrittenen Wahl von George W. Bush zum Präsidenten der Vereinigten Staaten Ende 2000 wurde rasch deutlich, dass die neue US-Führung weniger an einem partnerschaftlichen Miteinander mit den anderen Ländern interessiert war als an einem Ausbau ihrer eigenen Hegemonialstellung.

Worauf gründet(e) sich die Hegemonialmacht der USA?

1	**militärische Überlegenheit** und Präsenz in allen Teilen der Welt, insbesondere dank einer überall einsetzbaren Flotte (Flugzeugträger) und militärische Basen außerhalb des Territoriums der USA (etwa in Ägypten, Kuwait, Deutschland, Kuba oder Kolumbien)
2	**Dominanz der NATO**, dem weltweit stärksten Militärbündnis, dessen Budget entscheidend von den USA getragen wird, wodurch die anderen Mitgliedsländer in Abhängigkeit geraten
3	Vormacht auf den weltweiten Finanzmärkten und Börsen mit dem US-Dollar als **Weltleitwährung** und den größten Wirtschaftsunternehmen
4	Spitzenreiter in der **Hightech-Branche**, insbesondere im Digitalbereich (Kommunikationstechnologien)
5	hohe Akzeptanz des amerikanischen Lebensstils, der **Popkultur**
6	große **Anziehungskraft** auf Menschen aller Länder, die gerne in die USA einwandern würden

Durch den die gesamte Welt lähmenden **Terrorangriff** des 11. September 2001 auf Zentren der US-Macht in New York und Washington wurde auf einen Schlag deutlich, wie verletzlich moderne Gesellschaften sind und dass selbst die unumstrittene weltweite Führungsmacht nicht vor einer brutalen Attacke sicher ist.

Der darauf von der Regierung Bush massiv betriebene **„Krieg gegen den Terror"** wurde anfangs von der weltweiten Staatengemeinschaft ohne weiteres mitgetragen. Spätestens mit Beginn des Irak-Kriegs 2003 war jedoch auch die westliche Welt gespalten, da wichtige US-Verbündete wie Frankreich und Deutschland nicht bereit waren, die USA militärisch zu unterstützen.

Mit den USA geriet seit 2010 auch die EU durch die **Staatsschuldenkrise** in eine schwere Finanz- und Wirtschaftskrise. Seit dem **„Brexit"** ist die EU in ihrem Selbstverständnis und in ihrer politischen und ökonomischen Schlagkraft zusätzlich geschwächt.

Auf der anderen Seite ist die Volksrepublik China im 21. Jahrhundert unübersehbar zu einer global expandierenden Weltmacht geworden, die ihren Einfluss auf allen Kontinenten geltend macht und auch den Führungsanspruch der USA in Frage stellt.

Es ist allerdings noch lange nicht ausgemacht, ob sich schließlich der Mittelpunkt der Welt von Amerika nach Ostasien verschieben wird. Wahrscheinlicher ist, dass sich eine neue multipolare Weltordnung herausbildet, in der mehrere in etwa gleich starke Blöcke nebeneinander existieren und miteinander konkurrieren. Der dritte entscheidende Machtblock wird aller Voraussicht nach neben den USA und China trotz ihrer großen Probleme die EU sein.

DIE UNÜBERSICHTLICHER GEWORDENE WELT SEIT 1990
Checkliste

→ Welche Ereignisse verbinden Sie mit den folgenden Jahreszahlen?

1990   2003
1992   2007
2001   2016

→ Erklären Sie folgende Begriffe:

Binnenmarkt
EWG + EU
Globalisierung
Digitale Revolution
Mulitplare Weltordnung

→ Themen zum Nachdenken:

1. Wieso wurde Deutschland um 2000 als „kranker Mann Europas" bezeichnet?
2. Schildern Sie wichtige Entwicklungen der Europäischen Integration von 1990 bis zur großen Osterweiterung 2004.
3. Erörtern Sie Chancen und Gefährdungen der Digitalen Revolution.
4. Überlegen Sie, ob es richtig ist, für die Zeit seit dem beginnenden 21. Jahrhundert von einer multipolaren Weltordnung zu sprechen oder ob die USA weiterhin die dominierende Supermacht sind.

PERSONEN-
VERZEICHNIS

Warum Sie die wichtigsten historischen Persönlichkeiten der letzten 250 Jahre kennen sollten?

Dass die Weltgeschichte nur die Biographie großer Männer (und Frauen) sei, wie manche Historiker behauptet haben, mag man mit Fug und Recht bezweifeln. Dennoch haben zu allen Zeiten große Persönlichkeiten den Gang der historischen Entwicklung im Guten wie im Schlechten entscheidend beeinflusst, ganze Zeitalter geprägt und der jeweiligen Epoche ihren Stempel aufgedrückt. Dabei ist es schwer, zu sagen, ob diese bedeutenden Personen nur das zum Ausdruck gebracht haben, was in ihrem Volk ohnehin an Sehnsüchten und Wünschen gelebt hat, oder ob sie oft nicht auch der geschichtlichen Entwicklung eine ganz andere Richtung gegeben haben.

Wie dem auch sei – es ist unbestritten, dass zum Grundwissen in Geschichte auch die Kenntnis der prägenden Persönlichkeiten einer Zeit gehört. Es ist deshalb gerade für Prüfungen unabdingbar, dass Sie sich die Namen und wichtigsten Fakten und Daten großer Persönlichkeiten merken und zuordnen können. Bedenken Sie dabei, dass man nicht umsonst etwa von der „Ära Adenauer" oder dem „Zeitalter Bismarcks" spricht. Wenn gar eine ganze Weltanschauung wie der Marxismus nach einem Menschen benannt ist oder wie im Stalinismus eine bestimmte menschenverachtende Regierungsform, wird klar, dass es notwendig ist, etwas über die betreffenden Personen zu erfahren.

Das nachfolgende Verzeichnis erhebt keinen Anspruch auf Vollständigkeit. Es soll lediglich dazu dienen, besonders wichtige politische Persönlichkeiten der Geschichte seit dem späten 18. Jahrhundert aufzuführen. Dabei liegt der Schwerpunkt eindeutig auf dem 20. Jahrhundert und hier auf der deutsch-europäischen Geschichte. Wenn Sie also große Politiker und Staatsmänner vor allem anderer Kulturkreise vermissen, so haben Sie vollkommen Recht damit – und sollten sich auf die Suche begeben, um ihr Wissen über die „großen Männer und Frauen, die Geschichte machen" Schritt für Schritt zu erweitern.

Adenauer, Konrad (1876–1967): maßgebl. dt. Politiker der Nachkriegszeit (bis 1933 Zentrum/ seit 1945 CDU, deren Vors. ~ von 1950–1966 war), Kölner Oberbürgermeister 1917–1933, 1948 Präsident des Parlamentarischen Rates, 1949–1963 erster dt. Bundeskanzler, 1951–55 zugl. auch Außenmin.; vertrat die Politik der forcierten Westintegration (NATO-Beitritt; dt.-frz. Verständigung; Gründung der EWG; Wiedergutmachung gegenüber Israel) bei entschiedenem Antikommunismus; wirtschaftspolitisch vertrat ~ das von ihm mit L. Erhard u. A. Müller-Armack begründete Konzept der Sozialen Marktwirtschaft.

Bahr, Egon (*1922): dt. Politiker (SPD) u. als „Architekt der Ostverträge" maßgebl. Vordenker der Ostpolitik W. Brandts, 1972–1974 „Bundesminister für besondere Aufgaben", prägte die Formel „Wandel durch Annäherung" für die Neuausrichtung der bundesdt. Außenpolitk gegenüber der UdSSR u. dem Ostblock.

Bebel, August (1840–1913): dt. Politiker (Mitbegründer der SPD u. ihrer Vorläufer), frühzeitig einer der entscheidenden Köpfe der sich damals formierenden sozialdemokratischen Arbeiterbewegung, die ~ auch in den schweren Zeiten der Sozialistengesetze u. später als Vorsitzender im Reichstag erfolgreich führte; programmatisch vertrat ~ einen gemäßigten reformorientierten Marxismus.

Bismarck, Otto von (1815–1898): preuß.-dt. Staatsmann und Schöpfer des Dt. Reiches von 1871; seit 1862 preuß. Ministerpräsident; 1871–1890 erster dt. Reichskanzler; ~ verfocht mit aller Energie die Reichseinigung und nach 1871 ein auf Ausgleich zielendes Bündnissystem der europ. Großmächte; innenpolit. u. von seiner Überzeugung her konservativ, begründete er doch ein in die Zukunft weisendes Sozialversicherungssystem.

Blair, Tony (*1953): brit. Politiker (Labour Party, deren Vors. 1994–2007), bereitete die Neuausrichtung seiner Partei in Richtung Mitte vor („New Labour"), nach den gewonnenen Unterhauswahlen von 1997 bis 2007 Premierminister, sozialdemokratisch orientierte Wirtschafts- u. Gesellschaftspolitik, seit 2001 engster Bundesgenosse G. W. Bushs u. der USA in deren internationalem „Krieg gegen den Terror" mit brit. Truppen in den Kriegen in Afghanistan u. im Irak.

Blum, Robert (1807–1848): dt. Politiker u. Publizist des „Vormärz" u. der Revolution von 1848/49, entschiedener Vertreter einer demokrat. Staatsform u. eines einheitl. Nationalstaats, dabei gemäßigt u. auf Verständigung bedacht, trotzdem im Nov. 1848 in Wien wegen Teilnahme am dortigen Aufstand als führender Revolutionär hingerichtet.

Brandt, Willy (1913–1992): wegweisender dt. Politiker (SPD, deren Vors. ~ von 1964–1987 war), 1957–1966 Regierender Bürgermeister in West-Berlin, 1966–1969 Außenminister, 1969–1974 erster sozialdemokrat. Bundeskanzler, ~ betrieb nach außen die auf Verständigung und Entspannung abzielende „Ostpolitk", nach innen eine grundlegende Reformpolitik in Schule und Gesellschaft, Arbeits- und Berufswelt; ~ ist bis heute Galionsfigur der SPD; 1971 erhielt ~ den Friedensnobelpreis.

Breschnew, Leonid (1906–1982): entscheidender Politiker der UdSSR in den 1960er- und 1970er-Jahren; 1964–1982 Vors. der KPdSU und Staatschef der Sowjetunion; ~ vertrat bis etwa 1975 eine Politik der Entspannung gegenüber dem Westen bei gleichzeitiger Erstickung von Reformbemühungen innerhalb des Ostblocks; innenpolit. betrieb ~ eine Politik der Restalinisierung, nach außen bedeutete 1979 die Besetzung Afghanistans unter ~ einen Rückfall in die Zeit des Kalten Krieges.

Briand, Aristide (1862–1932): frz. Politiker (Sozialist), der von 1909 bis zu seinem Tod verschiedene Ministerposten bekleidete und zeitweise auch Ministerpräsident war; bleibende Bedeutung hatte ~ 1925 bis 1929 als Außenminister, der sich für internationale Zusammenarbeit und für die Verständigung mit Dtld. einsetzte. 1926 erhielt er dafür zus. mit G. Stresemann den Friedensnobelpreis.

Brüning, Heinrich (1885–1970): dt. Politiker (Zentrum), 1930–1932 Reichskanzler der Weimarer Republik in der Zeit der schweren Weltwirtschaftskrise, die ~ mit Notverordnungen und Sparmaßnahmen zu bekämpfen suchte. Die dadurch verschärfte Krise führte zu wachsender Radikalisierung und zu ~ Entlassung durch Reichspräsident v. Hindenburg.

Bush, George H. W. (1924–2018): US-Politiker (Republikanische Partei), 1989 bis 1993 der 41. Präsident der USA, unter dessen Ägide die deutsche Wiedervereinigung gelang und der 1. Golfkrieg gegen den Irak geführt wurde; Vater von George W. ~.

Bush, George W. (*1946): US-Politiker (Republikanische Partei), 2001–2009: 43. Präsident der USA; nach den Terroranschlägen vom 11. Sept. 2001 begann ~ einen weltweiten „Krieg gegen den Terror", der zu den Kriegen in Afghanistan (seit 2001) und im Irak (2003) führte; innenpolitisch führte seine konservative Politik zu einer wachsenden Polarisierung der US-Gesellschaft.

Chamberlain, Neville (1869–1940): brit. Politiker (Conservative Party), 1937–1940 Premierminister, der im Rahmen seiner "Appeasement-Politik" Hitler mit dem Münchener Abkommen zu beschwichtigten suchte. 1940 erklärte er am Tag des Einmarschs der dt. Truppen in die Benelux-Staaten seinen Rücktritt.

Chruschtschow, Nikita (1894–1971): sowjetruss. Politiker (KPdSU), nach Stalins Tod 1953 bis zu seinem Sturz 1964 Parteichef der KPdSU, von 1958–1964 auch Regierungschef der UdSSR: Unter ~ Ägide begann das „Tauwetter" der Entstalinisierung; außenpolit. vermied ~ in der Kuba-Krise eine weitere Eskalation.

Churchill, Winston (1874–1965): bedeutendster brit. Politiker u. Staatsmann des 20. Jhs. (Conservative Party, zeitw. auch liberaler Whig), 1940–1945 u. 1951–1955 Premierminister, vorher u. a. Marine-, Kriegs sowie Innen- u. Finanzminister; warnte frühzeitig ohne Erfolg vor Hitler; im Zweiten Weltkrieg führte ~ Großbrit. als kompromissloser Gegner Hitler-Deutschlands zum Sieg; auch als Redner u. Schriftsteller herausragend, erhielt ~ 1953 den Literaturnobelpreis.

Clinton, Bill (*1946): US-Politiker (Demokratische Partei), 1993–2001: 42. Präsident der USA, betrieb erfolgreich eine gemäßigte auf Haushaltskonsolidierung bedachte Wirtschaftspolitik, innenpolit. in der Nachfolge Kennedys „New Democrat", der für eine pluralistisch-offene u. stärker sozial ausgerichtete Gesellschaft eintrat; außenpolitisch nutzte ~

die sich nach dem Ende des Kalten Krieges bietenden Chancen, indem ~ den Führungsanspruch der USA zurückhaltend u. doch dezidiert vertrat.

Coudenhove-Kalergi, Richard (1894–1972): österr.-japan. Politiker u. Schriftsteller, gründete 1924 die Paneuropa-Union; sein Plan der Bildung der „Vereinigten Staaten von Europa" wurde nach 1945 von vielen Menschen aufgegriffen u. beeinflusste die Europäische Integration von der Gründung der EWG bis heute.

Delors, Jacques (*1925): maßgebl. frz. Europapolitiker (Sozialistische Partei), 1981–1984 frz. Wirtschafts- und Finanzminister, 1985–1995 Präsident der EG-Kommission: ~ trieb die europäische Integration voran, indem ~ den Binnenmarktprozess u. die Europäische Währungsunion auf den Weg brachte. ~ gilt als entscheidender Initiator des Vertrags von Maastricht.

Ebert, Friedrich (1871–1925): bedeutender dt. Politiker u. Gewerkschaftler (SPD), seit 1913 SPD-Vors., der sich während des Ersten Weltkriegs im Sinne eines „Burgfriedens" vehement für die Kriegskredite der Monarchie einsetzte u. dafür die Spaltung der SPD in Kauf nahm. 1918/19 in den Wirren nach dem Ersten Weltkrieg kurze Zeit Reichskanzler, dann 1919–1925 erster Reichspräsident der Weimarer Republik, die

~ nach innen und außen festigte u. stabilisierte.

Eisenhower, Dwight D. (1890–1969): US-General u. Politiker (Republikanische Partei), im Zweiten Weltkrieg seit Ende 1943 siegreicher Oberbefehlshaber der Truppen der Westalliierten in Europa, 1950–1952 Oberkommandierender der NATO-Streitkräfte; 1953–1961: 34. Präsident der USA, beendete den Korea-Krieg u. forcierte den Ausbau des westl. Verteidigungsbündnisses, um die befürchtete Machtausdehnung der kommunistischen Welt („Domino-Theorie") zu stoppen.

Erhard, Ludwig (1897–1977): dt. Wirtschaftsfachmann u. Politiker (CDU), 1948 auf Geheiß der Westalliierten an der Währungsreform beteiligt, 1949–1963 unter K. Adenauer Wirtschaftsminister, der maßgebl. Anteil an dem allseits bestaunten dt. „Wirtschaftswunder" hatte; 1963–1966 Bundeskanzler, der als Nachfolger Adenauers wenig glücklich agierte.

Gandhi, Mahatma (1869–1948): indischer Politiker u. Staatsmann (Kongresspartei), Führer u. Organisator der ind. Freiheitsbewegung gegen die brit. Kolonialmacht, die ~ durch passiven Widerstand, Gewaltlosigkeit, Hungerstreiks u. zivilen Ungehorsam zermürbte, bis Indien 1947 in die Unabhängigkeit entlassen wurde; wegen seiner Versöhnungsbemühungen zw. Hindus u. Moslems wurde ~ im Jan. 1948 von einem fanat. Hindu erschossen.

Gasperi, Alcide de (1881–1955): ital. Politiker (1944 Mitbegründer der Democrazia Cristiana), 1926 als Antifaschist verurteilt, seit 1944 führender Kopf der postfaschistischen Republik Italien, mehrf. Ministerpräsident, für die Westintegration Italiens u. die europ. Integration, mit K. Adenauer u. R. Schuman Begründung der Montanunion u. einer der Gründerväter der Europäischen Gemeinschaft.

Gaulle, Charles de (1890–1970): frz. General u. Staatsmann, leitete aus dem engl. Exil erfolgreich den Widerstand gegen die dt. Besatzung Frankreichs u. zog 1944 siegreich in Paris ein; 1944–1946 Chef der Provisorischen Regierung; 1958–1969 nach einer auf ihn zugeschnittenen Verfassungsreform erster Staatspräsident der Fünften Republik: Mit K. Adenauer betrieb ~ die dt.-frz. Freundschaft u. setzte sich für eine begrenzte europ. Integration im Sinne des von ~ propagierten „Europas der Vaterländer" ein.

Giscard d' Estaing, Valérie (*1926): frz. Politiker (Gründer der liberalen UDF), 1962–1966 u. 1969–1974 Finanz- u. Wirtschaftsminister; 1974–1981 Staatspräsident, als der ~ in enger Zusammenarbeit mit H. Schmidt den weiteren europäischen Aufbauprozess entschieden befürwortete.

Goebbels, Joseph (1897–1945): dt. Politiker u. bedingungsloser Parteigänger Hitlers (NSDAP), 1933–1945 „Reichsminister für Volksaufklärung u. Propaganda", der mit diabolischem Geschick die öffentliche Meinung im Sinne der NS-Ideologie manipulierte. Seit 1943 forderte ~ in maßlosem Fanatismus den „Totalen Krieg".

Gorbatschow, Michail (*1931): entscheidender sowjetruss. Politiker (KPdSU), 1985–1990 Generalsekretär des Zentralkomitees der KPdSU, 1990/91 auch Staatspräsident der UdSSR. Die von ~ propagierte Politik von „Glasnost" (= Offenheit") u. „Perestroika" (= gesellschaftl. Wandel) führte zur Beendigung des Kalten Krieges u. zum Zusammenbruch des Ostblocks 1989/90. ~ hatte maßgebl. Anteil am Zustandekommen der dt. Wiederwervereinigung. 1990 wurde ~ der Friedensnobelpreis verliehen.

Heinemann, Gustav (1899–1976): dt. Politiker (1945–1952 CDU, seit 1957 SPD), 1933–1945 innerhalb der „Bekennenden Kirche" tätig, 1949–1950 erster dt. Innenminister unter K. Adenauer, 1950 Rücktritt wegen dessen Politik der Wiederbewaffnung u. später Wechsel in die SPD, 1969–1974 erster von der SPD gestellter Bundespräsident, als der ~ sich sehr engagiert für die Versöhnung mit den Nachbarvölkern u. für die Festigung des demokrat. Bewusstseins einsetzte.

Hindenburg, Paul von (1847–1934): dt. Generalfeldmarschall u. Politiker, erwarb sich als Oberbefehlshaber aller dt. Armeen im Ersten Weltkrieg legendäres Ansehen; 1925–1934 parteiloser Reichspräsident der Weimarer Republik, 1925 als Kandidat der Rechtsparteien, 1932 für die republiktreuen Kräfte, die ~ widerwillig, aber loyal zu repräsentieren suchte.

Hitler, Adolf (1889–1945): österr.-dt. Politiker (NSDAP, seit 1921 Parteivors.), nach gescheitertem Putschversuch 1923 u. kurzer Inhaftierung Neuausrichtung der Partei; rascher Aufstieg in Folge der Weltwirtschaftskrise u. 1933 Ernennung zum Reichskanzler; seit 1934 Diktator des ganz auf ihn zugeschnittenen totalitären Einparteienstaats; 1939 Auslösung des Zweiten Weltkriegs, der nach großen Anfangserfolgen 1945 zum totalen Zusammenbruch des „Dritten Reiches" führte.

Honecker, Erich (1912–1994): dt. Politiker (SED), nach dem Sturz W. Ulbrichts von 1971 bis 1989 der mächtigste Mann der DDR, die unter ~ zunehmende außenpolit. Anerkennung erfuhr, innen- u. wirtschaftspolit. jedoch stagnierte, was den Untergang der DDR, die Absetzung ~ und die „Wende" von 1989 bewirkte.

Jelzin, Boris (1931–2007): russ. Politiker (bis 1990 KPdSU), als Radikalreformer unter Gorbatschow

1987 als Parteichef von Moskau entlassen, 1989 rehabilitiert, 1991–1999 erster demokratisch gewählter russ. Präsident! zunehmend ohnmächtig gegenüber den großen wirtschaftl. u. finanz. Problemen Russlands, übergibt ~ Ende 1999 die Regierungsgeschäfte an W. Putin.

Kant, Immanuel (1724–1804): dt. Philosoph, Vollender u. Überwinder der Aufklärung durch den Aufweis der Möglichkeiten u. der Grenzen der menschl. Vernunfterkenntnis; Bahn brechend auch als Denker u. Begründer eines auf Individualismus beruhenden Weltbürgertums; in seiner Schrift „Zum ewigen Frieden" beschrieb ~ bereits 1795 – im Vorgriff auf die UNO u. ihre Charta – die Idee eines weltweiten Völkerbunds freier Staaten mit republikanischer Verfassung

Kennedy, John F. (1917–1963): US-Politiker (Demokratische Partei), 1961–1963: 35. Präsident der USA, dessen außergewöhnl. Charisma für viele Menschen in aller Welt den Aufbruch in eine bessere Zukunft zu signalisieren schien; 1962 bemeisterte ~ die den ganzen Weltfrieden bedrohende Kuba-Krise u. sorgte damit für den Beginn der Entspannungspolitik. Seine Ermordung wirkte weltweit wie ein Schock u. sicherte dem noch jugendlich wirkenden US-Präsidenten einen bleibenden Nachruhm.

Keynes, John Maynard (1883–1946): brit. Nationalökonom u. Politiker, einer der bedeutendsten Wirtschaftswissenschaftler des 20. Jhdts., seine Untersuchungen über die Ursachen der Weltwirtschaftskrise u. die Begründung der antizyklischen Wirtschaftspolitik hatten wegweisende Bedeutung für die ökonomische Theorie u. die praktische Politik, seine Ideen zur Bekämpfung der Arbeitslosigkeit u. zur Steuerung der Geldmenge fanden zahllose Anhänger u. wirken bis heute nach.

Kiesinger, Kurt Georg (1904–1988): dt. Politiker (CDU), 1958–1966 Ministerpräsid. von Baden-Württemberg, 1966–1969: 3. Bundeskanzler, führte erstmalig eine Große Koalition aus CDU/CSU u. SPD, deren große Gegensätze ~ geschickt austarierte; unter seiner Ägide Überwindung der Rezession von 1966/67 u. 1968 Verabschiedung der Notstandsgesetze.

Kohl, Helmut (*1930): dt. Politiker (CDU, deren Vorsitz ~ von 1973–1998 innehatte), 1982–1998 6. Bundeskanzler, der anfangs nicht immer glücklich agierte, dann aber die Gunst der „Wende" von 1989 mit aller Entschiedenheit nutzte u. so die Wiedervereinigung mit herbeiführte. Besondere Bedeutung hatte ~ auch als Verfechter einer zunehmenden europ. Integration u. in enger Zusammenarbeit mit F. Mitterand als einer der Architekten des Vertrags von Maastricht.

Lassalle, Ferdinand (1825–1864): dt. Politiker u. Schriftsteller (Sozialist), 1863 Gründer des „Allgemeinen Deutschen Arbeitervereins" (ADAV), zunächst von K. Marx beeinflusst, vertrat ~ später die Idee eines nationalstaatl.-genossenschaftl. Sozialismus in Form einer „sozialen Monarchie".

Lenin, Wladimir I. (1870–1924): marxistischer Theoretiker u. russ. Politiker (Bolschewist/KPdSU), organisierte 1917 mit L. Trotzki die russ. Oktoberrevolution u. wurde der erste Regierungschef eines kommunistischen Landes; im Exil intensives Studium u. Weiterentwicklung des Marxismus zu einer revolutionären Doktrin, die ~ dann zielstrebig in die Praxis umsetzte; die Begründung der UdSSR 1922 war maßgeblich sein Werk.

Lincoln, Abraham (1809–1865): US-amerikan. Politiker (Republikanische Partei), 1861–1865: 16. US-Präsident, der sich für die Abschaffung der Sklaverei und in der Sezessionsfrage unerschütterlich für den Erhalt der Union einsetzte, die dank seiner energischen Haltung im amerikan. Bürgerkrieg behauptet werden konnte. Nicht zuletzt aufgrund seiner Ermordung wurde ~ später zur Idealfigur der amerikan. Demokratie stilisiert.

Ludendorff, Erich (1865–1937): dt. General u. Politiker (rechtsnationalistisch), beeinflusste im Ersten Weltkrieg als Stellvertreter Hindenburgs maßgebl. Strategie u. Politik des Deutschen Reiches: Auf ~ ging die Idee des unbeschränkten U-Bootkriegs gegen die USA zurück, und auch die Einschleusung Lenins nach Russland war sein Werk. 1923 scheiterte sein Putschversuch in München mit A. Hitler, von dem ~ sich dann abwandte.

Luxemburg, Rosa (1871–1919): dt.-poln. Politikerin (SPD, seit 1918/19: KPD): revolutionäre Sozialistin des marxistischen Flügels in der dt. Sozialdemokratie, im Gegensatz zu ihrer Partei seit 1914 entschiedene Kriegsgegnerin u. deshalb mehrere Jahre inhaftiert; 1916 Gründung des Spartakus-Bundes, Ende 1918 der KPD, kritisiert ~ doch von Anfang an auch Lenin u. die Bolschewiki, trotzdem Ermordung durch Rechtsradikale im Jan. 1919.

Macron, Emmanuel (*1977): seit 2017 frz. Staatspräsident mit einem reformorientierten Kurs in der Wirt-schafts- und Arbeitsmarktpolitik und einer dezidiert proeuropäischen Ausrichtung im Sinne einer Forcierung der Europäischen Integration.

Mao Zedong, auch: Mao Tsetung (1893–1976): chines. Revolutionsführer u. Politiker (KPCh), übertrug die Lehren des Marxismus-Leninismus auf China, das unter seiner Führung nach Jahrzehnte dauernden Kämpfen 1949 die Unabhängigkeit errang; war als Vors. der Kommunistischen Partei Chinas (1943–1976) der alles entscheidende Führer der von ihm begründeten „Volksrepublik China"; die polit. Bewegung und die Ideologie des „Maoismus" gehen auf ihn zurück.

Marx, Karl (1818–1883): dt. Philosoph u. sozialist. Theoretiker, Begründer der nach ihm benannten Weltanschauung, die die Dialektik Hegels mit der materialistischen Philosophie u. ökonomischen Lehren seiner Zeit verband; sein „wissenschaftl. Sozialismus" gewann nachhaltigen Einfluss auf die Entwicklung fast der gesamten Menschheit, da sich die Kommunisten aller Länder auf ihn beriefen. Auch die SPD verstand sich bis zu ihrem „Godesberger Programm" von 1959 als allerdings gemäßigt marxistisch.

Merkel, Angela (*1954): dt. Politikerin (CDU, deren Vors. ~ seit 2000 ist), seit 2005 Bundeskanzlerin mit wechselnden Koalitionspartnern, erwarb ~ sich auch international Anerkennung bei der Bekämpfung der weltweiten Wirtschafts- und Finanzkrise, die Dtld. relativ unbeschadet überstand. 2015 war ~ die maßgebl. Initiatorin in der seither innen- und außenpolitisch umstrittenen Flüchtlingsfrage

Metternich, Klemens Fürst v. (1773–1859): führender österr. Staatsmann in der nachnapoleonischen Zeit, 1810–1848 österr. Staatskanzler, schuf auf dem Wiener Kongress 1814/15 die Neuordnung Europas u. begründete

damit das entscheidend von ihm geprägte Zeitalter der Restauration (1815–1848), ging massiv gegen nationale u. liberale Bestrebungen vor, sicherte aber Europa auch eine lang anhaltende Friedenszeit.

Mitterand, François (1916–1996): frz. Politiker (Sozialist), 1981–1995: erster sozialist. Staatspräsident der Fünften Republik, der sich vor allem mit H. Kohl entschieden für die weitere europäische Integration u. besonders für eine gemeinsame europ. Währung einsetzte.

Monnet, Jean (1888–1979): frz. Politiker u. Unternehmer, der sich maßgebl. für die europ. Einigung einsetzte und deshalb auch als einer der Gründungsväter Europas bezeichnet wird, initiierte seit 1944 die Modernisierung der frz. Wirtschaft sowie seit 1949 zus. mit R. Schuman u. K. Adenauer den Zus.schluss der westeurop. Schwerindustrie („Montanunion") u. die Begründung der EWG.

Montesquieu, Charles de (1689–1755): wegweisender frz. Vertreter der Aufklärung, dessen Lehre von der Gewaltenteilung zu einem Eckpfeiler der liberal-demokratischen Grundordnung wurde.

Mussolini, Benito (1883–1945): ital. Politiker (erst Sozialist, dann 1919 Begründer der Faschist. Partei), 1922 „Marsch auf Rom" u. Regierungschef, seit 1926 Diktator u. selbst ernannter „Duce" (= Führer), nach anfängl. Distanz zu A.

Hitler seit 1936 dessen glückloser Bündnisgenosse, auch im Zweiten Weltkrieg, der seinen Niedergang einleitete, bis ~ 1943 gestürzt u. 1945 hingerichtet wurde.

Napoleon Bonaparte (1769–1821): frz. General, Politiker u. 1804–1814/15 „Kaiser der Franzosen"; früher kometenhafter Aufstieg durch gr. militär. Erfolge, 1799 nach Staatsstreich Erster Konsul, seit 1802 faktisch Alleinherrscher; durch immer neue Kriege bis 1810 Herrscher über weite Teile Kontinentaleuropas, jedoch ohnmächtig gegenüber Englands maritimer Stärke. Mit dem misslungenen Russlandfeldzug beginnt ~ rasanter Niedergang, der 1815 zu seiner endgültigen Absetzung führt; nachhaltige Bedeutung durch seine Strukturreformen u. als Schöpfer des „Code civil".

Nixon, Richard (1913–1994): US-Politiker (Republikanische Partei), 1969–1974: 37. Präsident der USA, beendete den desaströsen Vietnamkrieg, Entspannungspolitik gegenüber dem Ostblock u. Annäherung an die VR China; 1974 auf Grund der Watergate-Affäre erzwungener Rücktritt als erster u. bisher einziger US-Präsident.

Obama, Barack (*1961): US-Politiker (Demokratische Partei), 2009 bis 2017: 44. Präsident der USA, nach der Ära Bush als erster farbiger Präsident weltweit mit großer Sympathie bedacht (2009 Friedensnobelpreis), konnte ~ die hohen Erwartungen nur zum Teil erfüllen, innenpolit. Liberalisierung, aber häufiges Patt, da die Republikaner viele Reformvorhaben blockierten.

Putin, Wladimir (*1952): russ. Politiker, 1999–2000 unter B. Jelzin, der ihn förderte, Ministerpräsident, dann nach dessen Rücktritt von 2000–2008 russ. Präsident, darauf bis 2012 wieder Ministerpräsident u. seitdem erneut Präsident der Russischen Föderation; nachdem es ihm zunächst gelungen war, den weiteren Niedergang Russlands zu stoppen, vertrat ~ bald danach einen zunehmend autoritär-restaurativen Kurs mit dem Bestreben, Russland wieder den Status einer Weltmacht zu verschaffen. 2014: völkerrechtswidrige Okkupation der Krim, auf die der Westen mit harten Sanktionen antwortete, die das russ. Wirtschaftsleben empfindlich getroffen haben.

Reagan, Ronald (1911–2004): US-Politiker (Republikanische Partei), vorher Schauspieler, 1981–1989: 40. Präsident der USA, wirtschaftl. Gesundung durch Steuersenkungen bei gleichzeitiger Aufrüstung u. Politik der Stärke gegenüber der UdSSR, die schließlich unter M. Gorbatschow einlenkt, wodurch es 1989/90 zur Auflösung des Ostblocks kommt; innen- u. gesellschaftspolit. vertrat ~ einen konservativen Kurs.

Robespierre, Maximilien de (1758–1794): frz. Politiker u. Revolutionär, steiler Aufstieg während der Französischen Revolution u. nach Gründung der Republik, forderte ~ eine radikale Demokratisierung und eine kompromisslose „Herrschaft der Tugend"; 1794 für einige Monate faktisch Alleinherrscher, ehe auch ~ dem von ihm selbst propagierten „Großen Terror" zum Opfer fällt und hingerichtet wird.

Roosevelt, Franklin D. (1882–1945): überragender US-Politiker des 20. Jhdts. (Demokratische Partei), 1933–1945: 32. Präsident der USA, überwand durch seinen „New Deal" die „Great Depression" der Weltwirtschaftskrise u. leitete grundlegende Sozialreformen ein; außenpolit. erkannte ~ frühzeitig die Bedrohung der freien Welt durch Hitler-Deutschland u. steuerte seit 1941 die USA sehr erfolgreich durch den Zweiten Weltkrieg gegen die Doppelbedrohung der „Achsenmächte", die mit der vollständigen Kapitulation sowohl des Deutschen Reiches als auch Japans endete.

Roosevelt, Theodore (1858–1919): US-Politiker (Republikanische Partei), 1901–1909: 26. Präsident der USA, innenpolit. erfolgreicher Kampf gegen Trusts u. Kartelle, außenpolit. Vertreter imperialist. Ansprüche der USA in der Karibik, Erwerb der Zone des Panama-Kanals; 1906 Friedensnobelpreis für seine Vermittlung im Russ.-Japan. Krieg.

Schmidt, Helmut (*1918): dt. Politiker (SPD), 1974–1982: 5. Bundeskanzler, zuvor Innensenator in Hamburg sowie Verteidigungs-, Wirtschafts- u. Finanzminister; nach der vorhergehenden Reformeuphorie musste ~ mit einem von Rezession, Ölkrise u. Terrorangst geprägten Umfeld fertig werden; international verfocht ~ eine berechenbare Politik u. setzte zus. mit V. Giscard d´ Estaing den erfolgreichen Ausbau der EG fort; nach seinem Rücktritt wachsende Popularität als elder statesman und unbeirrbarer Kettenraucher.

Scholl, Geschwister Hans u. Sophie (1918–1943 u. 1921–1943): dt. Widerstandskämpfer gegen Hitler-Deutschland, die während ihres Studiums der Widerstandsgruppe „Weiße Rose" angehörten, beim Verteilen von Flugblättern gegen das NS-Regime im Febr. 1943 verhaftet u. vier Tage später vom Volksgerichtshof zum Tode verurteilt.

Schröder, Gerhard (*1944): dt. Politiker (SPD), 1990–1998 Ministerpräsid. von Niedersachsen, 1998–2005: 7. Bundeskanzler, versagte G. Bush die Gefolgschaft in dessen Krieg gegen den Irak; innenpolitisch setzte ~ Akzente durch den Umbau des Sozialstaats mit der „Agenda 2010", deren Früchte seiner Nachfolgerin A. Merkel zugute kam.

Schuman, Robert (1886–1963): frz. Politiker u. Staatsmann, 1947/48 Ministerpräsident u. mehrfach Minister im Frankreich der Vierten Republik; setzte sich energisch für die dt.-frz. Freundschaft ein u. schuf mit der Montanunion den Vorläufer von EWG u. EU; ~ gilt deshalb wie J. Monnet als einer der Gründerväter eines vereinten Europa.

Smith, Adam (1723–1790): brit. Aufklärer, Sozialphilosoph u. Nationalökonom, begründete das System der freien Marktwirtschaft, nach dem Angebot u. Nachfrage Preise u. Löhne bestimmen sollen. Damit sprach ~ sich für Konkurrenz u. gegen staatliche Lenkung aus. Seine liberale Wirtschaftslehre wurde vor allem in der angelsächsischen Welt aufgegriffen und zur theoretischen Grundlage des modernen Industriekapitalismus.

Stalin, Josef (1879–1953): sowjet. Politiker u. Diktator (KPdSU, deren Generalsekretär ~ seit 1922 war), vom Ende der 20er Jahre bis zu seinem Tod unumschränkter Alleinherrscher in Partei u. Staat, Aufbau eines umfassenden Terrorsystems, Zwangskollektivierung der Landwirtschaft u. forcierte Industrialisierung; im Zweiten Weltkrieg nach gigantischen Anfangsverlusten Wende bei Stalingrad u. Sieg über Hitler-Deutschland mit nachfolgender Besetzung Ostmitteleuropas u. Aufbau eines Systems von Satellitenstaaten.

Stauffenberg, Graf Schenk von (1907–1944): dt. Offizier u. Widerstandskämpfer, nach anfängl. Sympathie für das „Dritte Reich" erkannte ~ seit 1942 mehr u. mehr den verbrecherischen Charakter des Regimes; führender Kopf beim Staatsstreichversuch des 20. Juli 1944: Nach dem Scheitern des Bombenattentats auf Hitler wurde ~ noch am folgenden Tag hingerichtet.

Stresemann, Gustav (1878–1929): dt. Politiker u. „Vernunftrepublikaner" (1918 Mitbegr. der DVP), 1923 kurzzeitig Reichskanzler der Weimarer Republik, die ~ in diesen wenigen Monaten durch die Überwindung der Hyperinflation entscheidend stabilisierte; 1923–1929 Außenminister, dem es gelang, die Isolation Dtlds. zu beenden u. seine Aufnahme in den Völkerbund zu erreichen. Für seine Verständigung mit Frkr. erhielt ~ 1926 zus. mit A. Briand den Friedensnobelpreis.

Thatcher, Margaret (1925–2013): brit. Politikerin (Conservative Party, Vors. 1975–1990), 1979–1990 Premierministerin, als „Eiserne Lady" Verfechterin einer harten Linie gegenüber den Gewerkschaften, deren Macht sie brach, neoliberale Wirtschafts-, Sozial- u. Kulturpolitik („Thatcherismus"); ambivalente Europa- u. Dtld.politik, bei striktem Antikommunismus begrüßte ~ frühzeitig Gorbatschows Reformbestrebungen.

Trotzki, Leo (1879–1940): russ. Politiker u. Revolutionär (Bolschewist/KPdSU), als bedeutender marxist. Theoretiker mit Lenin der entscheidende Wegbereiter der russ. Oktoberrevolution von 1917, deren Sieg ~ als Gründer u. Oberbefehlshaber der Roten Armee verteidigte; mit seinem Konzept der permanenten Weltrevolution geriet ~ nach Lenins Tod in zunehmenden Gegensatz zu Stalin, der ihn seit 1926 entmachtete, aus der KPdSU ausschloss u. 1929 ins Exil trieb, wo ~ 1940 von einem Agenten Stalins ermordet wurde.

Truman, Harry S. (1884–1972): US-Politiker (Republikanische Partei), 1945–1953: 33. Präsident der USA, beendete den Zweiten Weltkrieg im Pazifik durch den Abwurf von Atombomben auf Japan u. in Europa durch das Potsdamer Abkommen; nach Ausbruch des Kalten Krieges Antikommunismus u. Wiederaufrüstung („Truman-Doktrin"): 1949 Gründung der NATO, 1950–1953 veranlasste ~ die Teilnahme der USA am Korea-Krieg.

Trump, Donald (*1946): Immobilienunternehmer und seit 2017 der 45. Präsident der USA; ~ vertritt eine tendenziell isolationist.-protektionist. Politik („America-first-Strategie"), mit der er einseitig die Interessen der USA durchzusetzen sucht.

Ulbricht, Walter (1893–1973): dt. Politiker (KPD/SED), kehrte nach Exil in der UdSSR 1945 nach Ostdtld. zurück u. wirkte dort entscheidend beim Aufbau der SED u. der Gründung der DDR mit, deren mächtigster Politiker ~ bis zu seiner Absetzung 1971 blieb; stets mit sowjetruss. Rückendeckung veranlasste ~ den forcierten Aufbau des Sozialismus in der DDR ebenso wie die Niederschlagung des Aufstands vom 17. Juni 1953 u. den Bau der Berliner Mauer 1961.

Voltaire (1694–1778): frz. Philosoph u. Schriftsteller, maßgebl. Vertreter der Aufklärung, der in ganz Europa hohes Ansehen genoss, seine scharfe Kritik an Absolutismus, katholischer Kirche u. Feudalwesen machte ihn zu einem geistigen Vorbereiter der Französischen Revolution, Vorkämpfer für Toleranz u. Humanität sowie für eine auf Freiheit u. Gleichheit beruhende Gesellschaftsordnung.

Washington, George (1732–1799): US-General, Politiker u. Staatsmann, erfolgr. Oberbefehlshaber der Truppen der aufständischen Kolonien im Unabhängigkeitskrieg gegen England, dann einer der Gründungsväter u. Vors. des verfassungsgebenden Konvents 1787; 1789–1797: 1. Präsident der USA mit nachhaltig prägendem Einfluss durch eine maßvolle auf Ausgleich bedachte Innenpolitik mit Stärkung der Zentralgewalt u. Neutralitätspolitik nach außen bei gleichzeitiger Unterstützung eines kraftvollen Außenhandels und des Aufbaus einer prosperierenden Volkswirtschaft.

Weizsäcker, Richard von (*1920): dt. Politiker (CDU), 1981–1984: Regierender Bürgermeister von Berlin, 1984–1994: 6. Bundespräsident der Bundesrepublik Deutschland u. erster Präsident des wiedervereinigten Deutschland, erwarb sich auch international hohes Renommee durch seine Rede zum 40. „Tag der Befreiung" am 8. Mai 1985, durch seine vermittelnde staatsmännisch-behutsame Art u. durch seine Kritik an der opportunistischen Politik der dt. Parteien.

Wilhelm I. (1797-1888): seit 1861 „König von Preußen" und seit der Reichseinigung 1871 bis zu seinem Tode in Personalunion auch „Deutscher Kaiser"; entscheidend für die Innen- und Außenpolitik des Zweiten Deutschen Kaiserreichs war allerdings sein Reichskanzler Otto von Bismarck; die hohe Popularität des Kaisers wirkte integrierend und stabilisierend.

Wilhelm II. (1859–1941): dt. Kaiser u. König von Preußen 1888–1918, wollte anfangs die Arbeiter für sich gewinnen, entließ Bismarck 1890 u. brach mit dessen auf Ausgleich bedachter Bündnispolitik, sein Weltmachtstreben u. seine Großmannssucht wirkten im Vorfeld des Ersten Weltkriegs eskalierend, seit 1916 zog ~ sich zunehmend zurück u. verzichtete nach der Ausrufung der Republik im Nov. 1918 auf den Thron.

Wilson, Woodrow (1856–1924): US-Politiker (Demokratische Partei), 1913–1921: 28. Präsident der USA, anfängl. neutral, dann 1917 doch Eintritt in den Ersten Weltkrieg, den die USA unter seiner Führung mit relativ geringem Einsatz zugunsten der Alliierten entscheiden u. damit ihre Weltmachtstellung begründen; ~ initiierte die Gründung des Völkerbunds, für die ihm der Friedensnobelpreis verliehen wurde; mit seinen Ideen für einen maßvollen Frieden scheiterte ~ dagegen bei den Verhandlungen in Versailles.

SACHREGISTER

Bildquellenverzeichnis
|akg-images GmbH, Berlin: 1, 1, 1, 1, 11, 13, 53, 70; Lessing, Erich 1. |alamy images, Abingdon/Oxfordshire: Blackledge, Hayley 1; The Granger Collection 23. |bpk-Bildagentur, Berlin: 1, 63; Braun, Lutz 1. |iStockphoto.com, Calgary: Nikada Titel. |Langner & Partner Werbeagentur GmbH, Hemmingen: 91. |Picture-Alliance GmbH, Frankfurt/M.: blickwinkel/ McPHOTO 38; dpa-infografik 127; dpa-Zentralbild/Glaser, Paul 116; dpa/Leonhardt, Frank 109. |Süddeutsche Zeitung - Photo, München: S.M. 69; Scherl 1. |Tonn, Dieter, Bovenden-Lenglern: 1. |ullstein bild, Berlin: Archiv Gerstenberg 31; Haeckel 1.

Wir arbeiten sehr sorgfältig daran, für alle verwendeten Abbildungen die Rechteinhaberinnen und Rechteinhaber zu ermitteln. Sollte uns dies im Einzelfall nicht vollständig gelungen sein, werden berechtigte Ansprüche selbstverständlich im Rahmen der üblichen Vereinbarungen abgegolten.